신문 읽는
소크라테스

신문 읽는 소크라테스

박인호 지음

세상의 일에 대한 궁금증은 질문으로 발현된다. 따라서 무엇이 궁금한지가 바로 그 사람의 속살이고 정체성이다. 어릴 때 그토록 질문을 쏟아내던 아이들의 질문 회로가 성장하면서 점점 닫히는 것은 안타까운 일이다.

질문의 재료는 교과서에도 있고 일상생활에도 널려 있다. 매일 넘쳐나는 뉴스를 보라. 풍부하고 다채로운 질문의 재료들이 그 안에 있다. 거의 실시간으로 꿈틀대며 살아 있는 뉴스에는 정치, 경제, 사회, 문화가 있고 휴머니즘이 있다. 뿐만 아니라 생명과 물질의 세계가 고스란히 녹아 있다. 뉴스에 담겨 있는 다양한 사연과 정보들은 교과서 속 이론과 개념의 원료이다.

그럼에도 불구하고 신문 하나 읽지 않고 교과서 밖 세상과 담을 쌓고 지내는 학생들이 얼마나 많은가. 현실을 외면하는 공부는 죽은 공부이다. 지금 당장 신문을 집어 들고 생생히 살아 숨 쉬는 현실 속으로 뛰어 들어가라. 교과서 안에만 머무는 공부는 상상력과 생각의 확장을 제한한다. 이왕이면 종이 신문을 통해 세상과 마주하기를 권한다. 스마트폰 속의 인터넷 뉴스는 손쉽게 접근할 수는 있지만, 사유의 시간과 메모의 여유를 허락하지 않는다. 종이 신문을 통해 뉴스를 읽으면 기사 배치를 확인하며 언론사별 뉴스 가치를 감지할 수도 있고 생각나는 대로 메모하거나 펜으로 밑줄 치며 읽는 재미를 느낄 수 있다. 디지털 세상에서 충족되지 않는 아날로그만의 독특한 맛이 있다.

신문을 통해 책과 세상 사이를 자유자재로 넘나들며 상상의 나래를 펴자. 매일 밥을 먹듯이 신문을 보라. 모든 지면을 다 볼 필요는 없다. 하루에 관심 가는 기사 한두 개를 보면 된다. 익숙해지면 점차 관심 기사가 자연스럽게 늘어날 것이다. 언젠가는 하루라도 신문을 보지 않으면 궁금해서 못 견딜 것이다. 수업 시간에 배우는 개념이나 이론의 구체적 사례가 떠오르고 응용력이 길러진 자신의 모습을 발견할 것이다. 토론을 할 때는 적절한 논거를 가져오고 정곡을 찌르는 비유를 하여 상대방을 곤혹스럽게 만드는 놀라운 경지에 오를 것이다.

신문을 통해 세상을 접한다는 것은 세상의 일에 호기심을 갖고 질문한다는 의미와 같다. 그리스의 철학자 소크라테스는 꼬리에 꼬리를 무는 질문을 통해 상대의 무지無知를 일깨웠다. 소크라테스의 대화법은 질문의 연속이다. 질문을 통해 무지의 지경에 이른다는 것은 내가 아는 것과 모르는 것의 경계를 확실히 알게 된다는 뜻이고 그 순간 깨달음을 얻게 된다는 것이다. 이러한 대화법을 산파술産婆術이라 부른다. 소크라테스의 어머니가 아이 낳는 것을 도와주는 산파였던 데서 유래한 말이다. 산모가 아이를 잘 낳도록 산파가 옆에서 도와주듯이 소크라테스는 문답을 통해 사람들이 새로운 사상과 지혜를 낳도록 돕는다는 의미이다.

소크라테스 질문의 특징은 답을 주지 않고 스스로 깨닫게 한다는 점이다. 자신이 무엇을 모르는지조차 모르는 사람들에게 소크라테스는 문답법을 통해 깨달음을 안겨 주고자 했다. 질문과 응답, 토론으로 단련된 사람은 생각하는 힘이 단단해진다. 생각하는 힘은 곧 관점의 확장이며 지적 성장을 의미한다. 유대인의 하브루타havruta 교육법도 질문과 토론의 교육법이다. 물론 학습하고자 하는 동기가 있는 자에게 질문을 해야 교육적 효과를 얻을 수 있다. 알고자 하는 욕구가 전혀 없는 사람에게 질문을 던져봐야 귀찮아 할 것이다. 알고자 하는 욕구는 신문 읽기를 통해 세상과 적극적으로 마주하다 보면 자연스럽게 길러질 것이다.

2017년 9월 어느 날 동아일보의 청탁을 받고 매주 수요일 연재되는 '신문과 놀자!/피플 in 뉴스'라는 칼럼을 쓰기 시작했다. 그 주에 화제가 된 인물을 중심으로 뉴스를 분석하고 의미를 되새겨 보는 글이다. 어느덧 2년째로 접어들어 70여 편의 칼럼을 썼다. 그 중 68편의 글을 이 책에 담았다. 칼럼을 쓸 때 청소년들이 쉽게 읽을 수 있도록 신경을 썼고 학교의 사회 수업에서 배우는 여러 개념과 이론들을 연계시켰다. 이 책에서 다루는 인권, 시장, 정의, 문화, 평화라는 범주는 고등학교 통합사회 대단원 주제와 일치한다. 작년 외대부고에서 수업 시간에 읽기 자료로 활용해보니 수업 효과가 상당히 좋았다.

칼럼 뒤에 던져놓은 '소크라테스 질문하기'와 '소크라테스 토론하기'는 정답이 없다. 답이 열려 있다. 토론을 위한 기본 지식과 자료들은 인터넷 검색만 하면 쉽게 찾을 수 있다. 친구들과 함께 팀으로 공부하는 것이 좋다. 함께 모은 자료에 자기 생각을 붙이고 친구들과 함께 토의·토론하며 답에 접근해보기 바란다.

독자 여러분! 이 책과 함께 공부하며 지력知力 증진에 탁월한 효과가 있는 신문 읽기에 과감히 도전하기 바란다. 인문학과 사회과학을 넘나드는 시각과 사고력이 확장될 것이다. 더불어 심층 면접과 논술, 나아가 글쓰기 역량 강화에 필요한 내공을 쌓는 데도 분명 도움이 될 것이라 믿는다.

2019년 2월
박인호

차례

2장 시장

3장 정의

4장 **문화**

5장 평화

1장

인권

인간과 기계 사이

인공 지능 로봇을 생각하며

슈가 멤버로 활동했던 가수 아유미의 일본 연예 활동 생활을 보여주는 TV 방송에 눈길이 갔습니다. 그런데 아유미 보다는 그의 동거인이 더 흥미로웠습니다. '로보에몽'이라는 인공 지능 로봇입니다.

아유미가 로보에몽에게 '오늘 날씨 어때요?' 하고 물으면 온도와 습도까지 구체적으로 답해줍니다. 자신의 기분을 말하면 로보에몽 은 위로의 말과 함께 기분에 어울리는 음악까지 골라 들려줍니다. 잠 잘 때도 밥 먹을 때도 늘 옆에 두고 상호 작용을 합니다. 외출할 때는 가방 속에 로보에몽을 넣고 다닙니다. 길을 물어보면 친절하 고 정확하게 답해주고 맛있는 음식점도 알려줍니다.

로보에몽은 인공 지능Al · Artificial Intelligence입니다. 프로그래밍된 대로 반응하는 기존 컴퓨터와는 차원이 다릅니다. 무한의 데이터

처리 능력을 바탕으로 기계 학습Machine Learning을 통해 스스로 배우면서 진화합니다. 구글의 자회사 딥마인드Deep Mind가 만든 '알파고'는 인간 두뇌 게임의 최고봉이라 일컬어지는 바둑을 정복했습니다. 천재 기사 이세돌 9단의 패배는 인공 지능에 대한 두려움을 확산시켰습니다.

인공 지능은 이미 미래가 아닌 현실입니다. 여기서 몇 가지 문제를 검토해봐야 합니다. 만약 아유미가 자신의 재산을 로보에몽에게 상속하고자 한다면 가능할까요? 민법에 따르면 인공 지능은 권리 능력(권리와 의무의 주체가 될 수 있는 능력)이 없으므로 상속인이 될 수 없습니다. 권리 능력은 자연인(살아 있는 사람)과 법인(법률에 의해 권리 능력이 인정된 단체 또는 재산)에게만 인정됩니다. 그런데 앞으로 인공 지능이 더 발전해 인간과 똑같은 형상으로 체온과 감정까지 갖고 많은 역할을 수행하게 된다면 특정 조건하에 권리 능력을 부여하는 나라도 있지 않을까요. 올해 1월 유럽 연합(EU)은 인공 지능 로봇에게 '전자 인간electronic person'의 법적 지위를 인정한 결의안을 채택하였습니다.

지금도 인공 지능은 작곡을 하고 그림도 그리고 오페라 연기도 합니다. 인공 지능이 어떤 소설을 썼다면 그 저작권은 누구에게 귀속될까요. 일하는 로봇에게 세금을 매겨야 하는지도 논란이 될 수 있겠지요. 이런 복잡한 문제 앞에 관련된 법과 제도의 정비가 시급합니다.

인간의 역할을 대신하며 일자리를 잠식해 가는 인공 지능 로봇은 인간의 경쟁자일까요, 협력자일까요. 과거 산업 혁명기에 기계가 인간의 일자리를 빼앗는다며 기계 파괴 운동이 벌어졌습니다. 이를 러다이트Luddite 운동이라 하지요. 정보화 시대에 컴퓨터의 확산에 저항한 네오 러다이트 운동도 있습니다. 앞으로 인공 지능에 저항하는 인간들의 또 다른 러다이트 운동도 상상해 볼 수 있겠습니다.

인공 지능 시대는 과연 우리 인간에게 유토피아일까요, 디스토피아일까요? 유토피아를 꿈꾼다면 인간이 로봇을 충분히 통제할 수 있어야 하며 인간 소외의 문제를 해결하기 위해 지혜를 모아야 합니다. 편견과 오류에 의한 빅데이터로 인공 지능이 만들어지거나, 인간이 통제할 수 없는 자체 진화 로봇이 공격 성향을 지닌다면 그 피해를 상상하기 어렵습니다. 인조인간 피노키오가 거짓말을 하면 코가 커지도록 한 발상은 인간의 통제권과 관련하여 함축하는 것이 있지 않을까요? 🎺동아일보, 2017.09.27.

소크라테스 질문하기

Q1 경우의 수가 무궁무진한 바둑은 인간이 만든 두뇌 게임의 최고봉으로 여겨져 왔다. 그러나 2016년 3월 기계 학습과 딥러닝이 가능한 인공 지능(AI) '알파고'가 바둑 세계 일인자 이세돌 9단을 압도한 사건은 충격이었다. 인공 지능과 인간의 공통점과 차이점은 무엇인가?

Q2 유럽 연합(EU)은 인공 지능 로봇에게 '전자 인간(electronic person)'의 법적 지위를 인정한 결의안을 채택했다. AI에게 법적 권리를 부여한다고 했을 때, 인정할 수 있는 권리의 한계는 어디까지인가?

Q3 인공 지능 로봇이 수술을 하다가 실수로 환자를 사망케 하였을 경우, 인공 지능 로봇은 법적 책임을 지는가?

Q4 인공 지능 로봇이 작곡한 노래가 엄청난 인기를 끌고 있다고 가정할 경우, 이 곡의 저작권*이 인공 지능 로봇에게 귀속되는가?

저작권(Copy Right) 저작권은 문학, 학술 또는 예술의 범위에 속하는 저작물에 대해 저작자가 가지는 권리이며 법률이 인정하는 일정한 범위 내에서 이 권리를 배타적으로 행사할 수 있다. 저작 재산권은 저작자의 생존 기간과 사망 후 70년간 존속한다(상속인이 향유함).

소크라테스 토론하기

2001년에 개봉된 영화 'A.I.(Artificial Intelligence, 인공 지능)'는 현대판 피노키오 이야기이다. 불치병에 걸려 냉동 중인 아들을 대신하기 위하여 입양된 인조인간 데이비드는 가족과 행복한 시간을 보내지만, 친아들이 완쾌되어 돌아오자 장난감 인형과 함께 숲에 버려진다. 현행법에 의하면 법적 권리는 자연인(自然人)과 법인(法人)에게만 인정된다. 만약 인간과 비슷한 외모와 사고 능력을 지닌 인조인간이 만들어진다면 이들에게 법적 권리를 부여하는 것은 정당한가?

신고리 원전의 운명과
존 밀턴이 그린 '낙원'

17세기 영국의 왕정복고를 반대하며 자유를 갈망한 공화주의자가 있었습니다. 그는 인간의 원죄와 구원 가능성을 그린 장편 서사시 '실낙원Paradise Lost'(1667)의 작가 존 밀턴(1608~1674)입니다.

"진리의 오묘함을 보라. 진리는 특정한 논리나 사고의 방법에 묶여 있을 때보다 자유롭고 자율적일 때 더 빨리 자신을 드러낸다. …(중략)… 진리와 허위가 맞붙어 논쟁하게 하라. 누가 자유롭고 공개적인 대결에서 진리가 불리하게 되는 것을 본 적이 있는가. 진리를 향한 논박이 허위를 억제하는 가장 확실하고 좋은 방법이다."

당시 출판물에 대한 통제를 위해 선포된 영국 왕실의 면허령에 반대하기 위한 존 밀턴의 반박문 '아레오파지티카'(1644)에 나오는 명문입니다. 이로 인해 밀턴은 언론 자유의 선구자로 불립니다.

어떤 사안에 대해 사람마다 생각이 다를 경우를 생각해 봅시다. 살아온 경험과 가치관, 이해관계가 다르기 때문에 찬성과 반대 의견으로 나눠지는 것은 당연합니다. 공동체를 위해, 나아가 국가의 미래를 위해 하나의 선택을 해야 한다면 어떤 방법이 가장 좋을까요. 다수결의 원칙은 차선이지 최선은 아닙니다. 다수의 오류에 빠질 가능성이 얼마든지 있기 때문이지요. 최고 통치자의 결단에 의지하는 것도 오류와 독단에 빠질 가능성이 큽니다. 직접 민주 정치는 현실적으로 불가능합니다. 간접 민주 정치(대의제)는 일찍이 프랑스의 사상가 루소가 예견했듯 일반 의지를 구현하기 어렵습니다. 대표자들을 우리가 직접 뽑는다 해도 그들이 우리의 의사를 제대로 대변한다는 보장이 없으며 그들의 의사 결정이 항상 옳은 것은 아닙니다. 여론 조사 역시 신뢰도의 문제를 늘 떨치기 어렵습니다. 몇몇 전문가에게 맡기는 것도 그들이 이해관계로부터 자유롭다는 것을 담보할 수 없습니다.

대의제의 대안이 될 만한 여러 가지 제도가 있습니다. 최근에는 숙의 민주주의deliberative democracy라는 말이 자주 거론됩니다. 정보가 충분히 제공되는 가운데 자유로운 토론과 의견 개진을 통해 깊이 생각하여 결정하는 합리적이고 민주적인 의사 결정 방식입니다. 시민 토론, 전문가 토론 등 다양한 방식의 격론 과정을 거친 후 다수결로 이어진다는 점에서 단순 다수결과는 다릅니다.

원전 신고리 5·6호기 건설 중단 여부를 놓고 공론 투표에 참여하는 시민 참여단 471명이 지난 2017년 10월 14일 종합 토론을 마치고 최종 투표를 마쳤습니다. 원전의 안전성, 환경성, 경제성 등을 놓고 3개월 동안 시민 참여단, 전문가, 지역 주민들이 공론 과정에 참여했습니다. 대통령은 그 결과를 그대로 수용하겠다고 밝혔습니다.

이제 남은 것은 우리의 성숙한 시민 의식과 민주적 태도입니다. 자신의 주장과 다른 결론이 도출되었다고 해서 불복하는 것은 성숙한 태도가 아닙니다. 자신의 생각이 틀릴 수 있음을 인정하는 개방적 태도가 요구됩니다. 제한된 경험과 정보만으로는 태양이 지구를 돈다 해도 믿었겠지요. 그러니 자신의 생각만이 옳다고 고집하는 것이 얼마나 무모한지 역사와 과학이 증명하고 있습니다.

우리나라 에너지 정책의 향방을 가를 중요한 공론 투표 과정을 지켜보며 존 밀턴이 떠오릅니다. 정보의 왜곡됨 없이 자유롭게 토론하며 소통하는 가운데 진실이 드러나는 세상이야말로 우리의 낙원이 아닐까요. ✒동아일보, 2017.10.18.

Q1 다수결은 최선의 의사결정 방식인가?

Q2 직접 민주 정치의 요소를 도입함으로써 대의제의 단점을 해결할 수 있는가?

Q3 여론 조사와 전문가 결정의 문제점은 무엇인가?

Q4 자유로운 토론에 의해 진리에 다다를 수 있는가?

Q5 공론화위원회를 통한 숙의 민주주의는 집단 지성을 활용한 의사 결정 방식이다. 2017년 10월 20일 신고리 5·6호기 공론화위원회가 발표한 최종 결과에 따르면 원자력 발전 축소 53.2%, 유지 35.5%로 결정됐다. 그러나 아직까지도 탈원전 정책에 반대하는 목소리가 만만치 않다. 공론 조사를 통한 숙의 민주주의가 대의제의 대안이 될 수 있다고 보는가?

소크라테스
토론하기

원전 문제에 이어 교육 정책을 결정하는 데에도 공론 조사 방식이 도입되었다. 정부는 수시 학생부종합전형과 정시 수능을 둘러싼 논쟁이 커지자 국가교육위원회 산하에 '2022학년도 대입 제도 개편 공론화위원회'를 만들어 논의하도록 했다. 공론화위원회에서 시민 참여단은 오차 범위 내에서 '정시 수능 위주 전형 비중 확대'와 '수능 절대 평가'를 지지했다. 그러나 이 두 안은 어울리는 조합이 아니었다. 결국 교육부는 '정시 수능 위주 전형 30% 이상 확대 권고', '수능 상대 평가 유지(영어, 한국사, 제2외국어는 절대 평가)'라는 결론을 내놨다. 이로써 대입 제도 개편 공론화위원회의 결정은 교육부의 우유부단으로 사회적 혼란만 키웠다는 비판에 직면했다. 대입 제도를 공론 조사 방식으로 결정하는 것이 정당한가?

전태일과 조영래의 메아리

2017년 11월 13일은 전태일 열사 47주기였습니다. 이보다 일주일 앞선 7일에는 고 조영래 변호사가 서울대에서 올해의 '자랑스러운 서울대인'으로 선정됐습니다. 노동과 인권 분야에서 명성을 날린 조영래 변호사는 산업화와 민주화 과정에서 차별받은 사회적 약자들을 위해 헌신한 점을 인정받았습니다.

초등학교를 중퇴하고(나중에 명예 졸업장을 받음) 청계천 평화 시장에서 의복 재단사로 일한 노동자 전태일, 서울대 법학과에 수석 입학해 사법고시에 합격한 변호사 조영래. 전혀 다른 길을 걸어온 그들 사이에 어떤 연관이 있을까요.

1970년 11월 13일, 전태일은 "우리는 기계가 아니다. 근로기준법을 준수하라."고 외치며 평화 시장에서 22세의 꽃다운 나이에 분신했습니다. 그는 평화 시장에서 보조원, 재단사 등으로 일하며 열악한 근로 조건과 인권 침해에 맞서 싸웠습니다. 동료들과 함께 정부 등에 개선을 요구했지만 계란으로 바위 치기였습니다. 극단적 선택을 한 그의 희생은 노동자의 열악한 현실과 노동 문제를 사회 문제로 부각시켰고 이후 노동 운동과 민주화 운동의 기폭제가 되었습니다. 헌법의 사회적 기본권 확장 및 노동 관련 법의 개선에도 영향을 미쳤습니다.

전태일의 삶을 세상에 알린『전태일 평전』을 쓴 사람이 바로 조영래 변호사입니다. 서울대 법학과 재학 중 조영래는 3선 개헌 반대 등 학생 운동을 주도했습니다. 졸업 후 사법 시험을 준비하다가 전태일의 죽음을 알게 됩니다. 유신 체제에 맞서 민주화 운동을 하다가 투옥됐으며 오랜 세월 동안 경찰에 쫓기는 생활을 합니다. 고된 수배 생활 속에서 전태일에 관한 자료를 수집하고 비밀리에 책을 집필했습니다.

이 책은 1983년 전태일 기념관 건립위원회 이름으로『어느 청년 노동자의 삶과 죽음』이라는 제목으로 세상에 나왔습니다. 그런데 사실 이 책은 1978년『분신 자살한 어느 한국 청년 노동자의 생과 사』라는 제목으로 일본에서 먼저 출간되었습니다. 유신 독재 하에서 조영래 변호사는 모든 원고와 사진 자료를 일본의 출판사로 몰래 보냈던 것입니다. 나중에서야『전태일 평전』(1991)으로 개정 출간되면서 이 책의 저자가 조영래라는 사실이 밝혀집니다. 이 책은 이창동 감독의 영화 '아름다운 청년 전태일'(1995)의 원작입니다.

조 변호사는 대우어패럴 노조 탄압 사건, 부천경찰서 성고문 사건 등을 변호하며 평생을 인권 변호사로 사회적 약자를 위해 헌신하다 42세의 젊은 나이에 폐암으로 세상을 떠났습니다. "진실은 영원히 감옥에 가두어둘 수 없습니다."라는 그의 변론은 아직도 우리의 귓전을 울립니다.

'열정 페이'로 상징되는 저임금 문제, 비정규직 차별 문제, 직장 내 성희롱 등 아직도 해결되지 않은 문제들이 많습니다. 사회적 약자를 존중하는 인간 중심의 따뜻한 사회를 만드는 것이 전태일과 조영래가 남긴 질문에 대한 우리 세대의 답이 아닐까요.

동아일보, 2017.11.15.

소크라테스
질문하기

Q1 2018년 말 기준 비정규직 노동자는 661만 명으로 전체 임금 노동자의 33.2%를 차지한다고 한다. 비정규직* 노동의 비율이 높아지는 것이 왜 문제인가?

비정규직(非正規職) 근로 방식 및 기간, 고용의 지속성 등에서 정규직과 달리 보장을 받지 못하는 직위나 직무. 계약직, 임시직, 일용직 등이 이에 속한다.

Q2 어떤 노동자가 비정규직에 취업하여 최저 생계비에 못 미치는 저임금을 받고 있는 것이 개인의 문제인가, 사회적 문제인가?

Q3 만약 저임금을 받는 비정규직 노동자 비율이 줄어든다면 가계, 기업, 정부의 입장에서 좋은 것인가?

소크라테스
토론하기

사회적 약자들의 인권 신장을 위해 국가가 개입하는 것이 정당한가?

04

박종철과 이한열의
유산

"조사관이 책상을 탁 치니 억 하고 죽었다."

1987년 1월 치안본부(지금의 경찰청) 서울 용산구 남영동 대공분실에서 발생한 대학생 사망 사건에 대해 치안감 박처원이 발표한 내용입니다. 사망한 대학생은 당시 서울대 언어학과 2학년에 재학 중이던 박종철입니다. 고문치사를 단순 심장 쇼크사로 덮으려고 했던 은폐 시도는 머지않아 거짓으로 밝혀집니다. 이 사건은 군부 통치에 억압받던 시민들에게 저항의 기폭제가 되어 6월 민주 항쟁으로 이어졌습니다.

30여 년이 흘러 지난해 말 영화 '1987'(장준환 감독)이 개봉되었습니다. "이런다고 세상이 달라지나요?"라고 말하던 연희(김태리 분)도 이한열의 죽음을 보고 거리로 나섭니다. "우리의 가장 큰 무기는 진실밖에 없다."라고 말하는 김정남(설경구 분)의 말처럼 당시 시민들은 군부 정권의 거짓과 탄압에 온몸을 던져 저항했습니다. 부검을 담당했던 법의학자의 양심선언, 5공화국 정부의 보도 지침을 깨고 진실을 전달한 기자들의 집요한 취재, 진실을 세상에 알리는 데 앞장선 종교인들, 시국 선언문을 발표한 대학 교수들, 학업을 접고 투쟁의 전면에 선 대학생과 시민들의 힘이 모여 민주화의 도도한 물결을 만들어냈습니다. 치안감 역할을 맡은 김윤석이 박종철 군의 고등학교 후배인 점이 흥미롭습니다.

현재 우리나라 통치 조직과 권력 구조, 그리고 기본권의 근간은 1987년에 개정된 제9차 개정 헌법입니다. 당시 시민들이 요구했던 대통령 직선제가 반영됐고 선진적 기본권들이 담겨 있습니다. 국민 기본권의 최후 보루인 헌법 재판소가 신설된 것도 1987년입니다. 9차 개정 헌법은 정당성 없이 등장한 군부 독재를 끝내고 민주화의 성과를 담아낸 역사적 헌법입니다.

언론 자유는 물론이고 집회 및 시위의 자유마저 제약되어 있던 서슬 퍼런 군부 정권의 압제에 맞서 싸우던 주역들을 우리는 '386세대'라 불렀습니다. 지금은 그들이 50대가 되었지만 자녀 세대와 함께 보는 영화 '1987'은 세대를 넘어 공감과 울림이 있습니다.

시민들의 대열로 가득 찬 1987년 6월의 서울 광장과 광화문 거리를 영화관에서 보며, 2017년 겨울 촛불을 든 시민들의 모습이 겹쳐집니다. 촛불 혁명을 경험한 시민들은 민주주의는 일회성 이벤트가 아니라 일상 속에서 함께하는 영원한 가치라는 깨달음을 얻었습니다. 2017년의 촛불 혁명은 민주화 이후의 민주주의를 성찰하게 한 계기였습니다. 시민이 깨어있지 못하고, 언론이 제 역할을 못하면 언제든지 민주주의는 후퇴할 수 있고 헌법조차도 박제화될 수 있다는 교훈을 체감했습니다. 1987년 헌법으로 탄생한 헌법재판소가 민주주의를 역행시킨 대통령에 대한 탄핵을 결정한 것을 생각해보면 30년 전 뜨거운 함성이 헛된 것이 아님을 절감합니다.

1987년 이듬해 88 서울 올림픽을 통해 동방의 은둔의 나라가 세계 속으로 들어가고 동서 진영 화합의 계기가 마련됐습니다. 소위 '쌍팔년도'의 희망과 에너지 넘치던 국운이 2018년 무술년에 다시 살아나 국운이 융성하기를 기대합니다. 🕯동아일보, 2018.01.03.

소크라테스
질문하기

Q1 1987년 6월 민주 항쟁과 2017년 촛불 혁명의 공통점과 차이점은 무엇인가?

Q2 1987년 6월 민주 항쟁과 2017년 촛불 혁명을 통해 사회가 진보했다고 보는가?

Q3 시민과 언론이 제 역할을 못하면 왜 민주주의는 후퇴하는가?

Q4 대통령 직선제와 헌법 재판소*가 국민의 기본권 보장에 도움이 되는가?

헌법 재판소(憲法裁判所) 위헌 여부를 일정한 소송 절차에 따라 심판하기 위하여 설치한 특별 재판소로, 법원의 제청에 의한 법률의 위헌 여부, 탄핵, 정당의 해산, 국가 기관 상호 간 또는 국가 기관과 지방 자치 단체 간 및 지방 자치 단체 상호 간의 권한 쟁의, 헌법 소원에 관한 것을 심판한다.

소크라테스
토론하기

시민들이 폭력적인 방법으로 국가 권력에 저항하는 것이 정당화될 수 있는가?

미투 캠페인

지난 2018년 1월 29일 검찰 내부 통신망 이프로스 e-pros에 '나는 소망합니다'라는 제목의 글이 올라왔습니다. 전직 검찰 고위 간부에게 강제추행을 당하고 인사상 불이익을 받았다는 내용입니다. 글을 올린 이는 창원 지검 통영지청에 근무하는 서지현 검사입니다. 피해 당사자가 직접 방송에 출연하고 여러 언론이 보도하면서 파문이 빠르게 확산되고 있습니다. 성폭력 범죄자를 처벌해야 하는 검사가 성폭력 피해자라는 믿을 수 없는 사실에 사람들은 놀라워합니다.

"그것은 가해자의 잘못이고 구조의 문제이지 당신이 잘못한 게 아니라는 말을 꼭 해주고 싶었습니다." 서 검사의 말입니다. 그 사건이 8년 전의 일이라 하 니 그동안 혼자 속으로 삭이다가 어렵게 고백한 서 검사의 용기에 수많은 시민 단체와 누리꾼들이 격려와 지지를 보내고 있습니다.

당시 검찰 내부에서 사실을 인지하고 감찰 요구가 있었으나 조직 내에서 묵살됐다고 합니다. 그동안 성폭력 피해자는 불편한 사회적 시선과 2차 피해 등을 우려해 선뜻 피해 사실을 말하지 못했습니다. 드러난 성폭력 범죄는 실제 일어난 사건의 5% 미만에 불과하다고 하니 우리가 접하는 사건은 빙산의 일각인 듯합니다.

언론에서 서 검사의 폭로를 한국판 '미투(#MeToo) 캠페인'이라고 부릅니다. '미투 캠페인'은 소셜네트워크서비스(SNS)에 '나도 겪었다'라는 의미로 해시태그를 달아 자신이 겪은 피해를 고백해 그 심각성을 알리는 운동입니다. 미투 캠페인은 미국 할리우드의 거물인 영화 제작자 하비 와인스타인의 성추행 사건 이후 영화배우 알리사 밀라노가 2017년 10월 15일 처음 제안하면서 시작됐습니다.

밀라노는 '당신이 성폭력 피해를 봤거나 성희롱을 당했다면 주저하지 말고 SNS에 #MeToo라고 써 달라.'고 호소했습니다. 미투 캠페인을 제안한 지 24시간 만에 약 50만 명이 넘는 사람이 리트윗하며 지지를 표했고, 8만여 명이 해시태그를 달았다고 합니다. 그 후 기네스 펠트로, 안젤리나 졸리, 메릴 스트립, 엠마 스톤, 나탈리 포트먼, 제니퍼 애니스톤, 우마 서먼 등 수많은 헐리우드 영화배우들이 미투 캠페인 대열에 합류했습니다. 미국 체조 금메달리스트 매케일라 머로니도 자신의 피해 사실을 폭로했습니다.

미투 캠페인은 영국, 프랑스, 스웨덴 등 유럽으로 확산됐습니다. 한국판 미투도 그 전부터 간헐적으로 있었지만 서 검사의 폭로를 계기로 급속히 퍼지고 있습니다. 현직 국회의원, 도의회 의원, 의사 등 전문직 여성들의 참여와 함께 민간 기업으로도 확산돼 사회의 경각심을 일깨우고 있습니다.

검찰 내 성범죄 사건 조사를 위해 정부도 나섰습니다. 법무부는 성희롱·성범죄 대책위원회 위원장으로 권인숙 한국여성정책연구원장을 위촉했습니다. 1986년 부천경찰서 성고문 사건의 피해자였던 권 위원장이 이제 당당히 국가 권력 안에서 일어난 성폭력 범죄를 조사하기 위해 앞장서게 됐습니다.

"국가와 사회와 우리들이 그녀에게 무엇을 하였으며 지금도 하고 있는가?" 당시 권인숙 씨의 변호를 맡은 고 조영래 변호사의 변론이 여전히 현재 진행형이 되어 우리의 귓전에 울립니다. 배려와 소통 없이 상대방을 대상화하는 일방적 태도가 인간관계를 얼마나 피폐하게 만드는지 수많은 '미투'들이 깨우쳐 줍니다.

동아일보, 2018.02.07.

Q1 미투 피해자가 여성에 집중되어 있는 이유가 무엇인가?

Q2 미투 캠페인이 사회적 연대*의 형태를 띠고 전개되는 이유가 무엇인가?

사회적 연대(social solidarity) 사회적 관계의 일종으로 사회나 집단에서 보이는 통합, 또는 통합의 종류나 정도를 의미한다. 전근대 사회에서 연대란 주로 혈족 관계나 공통된 이해관계를 기반으로 하는 사람들 간에 형성되는 관계를 의미하였으나, 사회가 복잡해지면서 연대는 혈족이나 이익 공동체의 상징에서 벗어나 '사회적 연대'라는 의미로 발전하게 되었다.

Q3 미투의 대상인 가해자의 행위는 개인의 일탈인가?

Q4 가정이나 사회에서 제도적 성차별이 과거에 비해 줄었음에도 불구하고 최근 여성 권익 향상을 위한 목소리가 더욱 커지는 이유가 무엇인가?

Q5 미투 현상은 사회 정의 실현에 기여하는가?

Q6 성희롱과 강제추행 또는 성폭행은 어떻게 다른가?

소크라테스
토론하기

미투 현상이 확산되면서 문제 해결을 위한 제도와 가치관 정립에 기여했다는 평가가 있는 한편 억울한 가해자를 양산한다는 평가도 존재한다. 미투 현상이 양성평등과 사회 통합에 기여하는가?

06

다시 나혜석을
생각하며

작년 이맘때 수원시 팔달구 인계동 '나혜석 거리'에서 친구들과 대포 한잔 기울였던 기억이 납니다. 그 당시만 해도 '미투(#Me too·나도 겪었다)' 운동 같은 거센 바람은 상상할 수 없었습니다. 성과 위력의 굴레를 벗어던지는 여성들의 아우성을 들으며 나혜석을 떠올립니다.

나혜석(1896~1948)은 일본 유학파 화가이자 작가로서 봉건적 억압과 가부장제에 맞서 싸운 신여성의 상징과도 같은 인물입니다. '신랑 신부'라는 제목과 함께 본인과 신랑의 사진을 실은 1920년 4월 10일자 동아일보 3면의 광고는 한국 최초의 공개 결혼 청첩장입니다. 나혜석은 1934년에 '이혼 고백장'이라는 글을 '삼천리'에 발표하며 가부장적 속박을 비판합니다. 그녀의 말과 글, 그림은 한 인간으로서 여성의 존재를 드러내는 행위였습니다. 나혜석은 전근대 사회에 살면서 근대를 넘어 현대의 젠더gender 해방을 꿈꿨던 신여성입니다.

지난주 '세계 여성의 날'을 맞아 여러 기념 행사가 열렸습니다. 3월 8일은 열악한 작업장에서 화재로 불타 숨진 여성들을 기리며 미국 노동자들이 궐기한 날을 기념해 1975년 유엔에서 공식 지정한 세계 여성의 날입니다. 당시 여성들은 굶지 않기 위해 하루 12~14시간씩 일하면서도 인간으로서의 기본권을 보장받지 못했습니다. 여성 노동자들은 뉴욕의 광장에 모여 선거권과 노동조합 결성의 자유를 외쳤습니다.

프랑스 시민 혁명(1789)은 부르주아들에게 선거권을 가져다주었고, 영국의 차티스트 운동(1838~1848)은 노동자들의 참정권 확대로 귀결됐을 뿐입니다. 여성들의 권리는 그들 스스로 피 흘려 쟁취했습니다. 메리 울스턴크래프트는 프랑스 혁명 중 『여성의 권리 옹호』(1792)라는 책을 발표하여 "여성도 인간의 일원으로서 자신들을 개척하고 세계를 개혁하기 위해 노력해야 한다."고 역설하며 루소의 '여성은 남성을 즐겁게 하기 위해 태어난 존재'라는 주장을 비판했습니다. 에밀리 데이비슨은 1913년 런던 경마 대회에서 국왕 조지 5세의 말이 결승선으로 들어오는 순간 "여성에서 투표권을!"(Voting for Women)이라고 외치며 질주하던 말을 향해 몸을 던져 자결했습니다. 이를 계기로 영국에서 1918년에 비로소 여성에게 참정권이 주어졌습니다. 아랍 국가들처럼 21세기에 여성 참정권을 보장한 나라도 있지만 대부분의 국가들은 20세기 전반에 실현합니다. 역사적으로 보통 선거 제도와 대중 민주주의 확립에 여성 참정권은 마지막으로 넘어야 할 관문이었습니다.

최근 LG전자가 인도 시장 진출 20주년을 맞이해 제작한 영상이 구글의 세계 여성의 날 기념 광고 리더 보드에서 1위를 차지했습니다. 돌아가신 아버지가 별에 있다고 믿는 한 소녀가 우주 비행사를 꿈꾸는데, 형편이 어려운 어머니는 TV를 팔아 딸의 꿈을 돕고 결국 우주 비행사의 꿈을 이룬 딸은 홀어머니에게 최첨단 TV를 선물한다는 이야기입니다. 여성이 어려운 처지와 현실을 극복하고 당당히 꿈을 이룬다는 점이 감동을 줍니다.

나혜석은 '여성이 말을 하고 글을 쓸 때 세상은 달라진다.'고 믿었습니다. '미투' 앞에 유력인들이 추풍낙엽이 되고 있는 현실에서 나혜석은 무슨 말을 할까요. 남녀가 서로를 인격체로 존중하며 소통하는 생활 세계의 민주화가 실현되는 날까지 여성들의 말과 글은 계속되지 않을까요. ⏺동아일보, 2018.03.14.

소크라테스
질문하기

Q1 부르주아*, 노동자, 농민, 여성 중 왜 여성의 참정권이 가장 늦게 보장되었는가?

부르주아(bourgeois) 프랑스어로 '성(城)'을 뜻하는 bourg에서 유래한다. 부를 축적한 계급은 안전하고 윤택한
성내에 살고 그렇지 못한 계급은 위험하고 척박한 성외에서 살았으므로 생긴 명칭이다. 이 유래를 좇아 부르주아는
자본가 계급을 뜻하게 되었고, 반의어는 무산자를 뜻하는 프롤레타리아(노동자)이다.

Q2 보통 선거 제도의 확립은 민주주의의 발전에 필수적인가?

Q3 나혜석은 '여성이 말을 하고 글을 쓸 때 세상은 달라진다.'고 믿었다고 했는데 그 이유는
무엇인가?

Q4 최근 여성의 권익 향상을 위한 목소리가 더욱 커지고 있는 것은 가정 및 사회에서 여성
차별이 더욱 심화되었음을 반증하는가?

소크라테스
토론하기

여성 인권 신장을 위한 노력이 남성의 역차별을 가져온다는 주장을 지지하는가?

07

조지 오웰과
현대판 빅브라더

영국의 공리주의자 제러미 벤담(1748~1832)은 1791년 죄수를 효율적으로 감시하기 위해 파놉티콘(원형 감옥)을 설계했습니다. 프랑스 철학자 미셸 푸코는 『감시와 처벌』(1975)이라는 책에서 정보 통신망이 마치 파놉티콘처럼 개인의 일거수일투족을 감시하고 통제하는 사회를 비판합니다. 일찍이 영국 소설가 조지 오웰(1903~1950)이 1949년에 쓴 책 『1984』에서 말한 빅브라더의 또 다른 형태입니다. 빅브라더는 텔레스크린을 통해 사회를 감시하고 통제합니다. 부처님 손바닥이 따로 없습니다.

누군가 나의 행적과 생각을 들여다보고 있는 소름 돋는 상황이 실제 일어났습니다. 2016년 미국 대통령 선거에서 도널드 트럼프 진영의 정치 컨설팅 업체가 페이스북 이용자 5,000만여 명의 개인 정보를 유용해 선거 전략에 이용한 사실이 드러났습니다. 그 업체는 영국의 케임브리지애널리티카(CA)라는 회사입니다. CA는 알렉산드르 코건 케임브리지대 심리학과 교수가 만든 애플리케이션을 활용해 개인 정보를 수집했습니다. 페이스북 이용자들에게 소정의 대가를 주고 '디스 이즈 유어 디지털 라이프this is your digital life'라는 앱을 내려 받도록 유도했다고 합니다. 성격 검사 앱으로 포장되었지만 사실은 교묘히 설계된 개인 성향 분석 알고리즘이었습니다.

5,000만여 명의 성향 분석을 토대로 CA는 상대 후보의 약점을 부각하는 기사나 광고를 누구에게 보낼지, 특정 유권자가 어떤 선동 문구에 반응할지, TV 광고를 어떻게 만들지, 트럼프가 어느 지역에서 유세를 해야 효과가 클지 등의 맞춤형 전략을 마련했다고 합니다. CA 측은 페이스북 이용자의 친구 목록이나 '좋아요'를 누른 항목 등 다양한 활동을 분석했습니다. 그들의 소비 성향에서부터 관심 있는 사회 이슈, 정치·종교적 성향 등을 파악했습니다. 당시 근무했던 데이터 과학자들은 "이렇게 수집한 정보가 당신의 아버지나 애인이 당신에 대해 아는 것보다 더 정확하다."라고 평가했다니 끔찍합니다.

사상 최악의 데이터 스캔들 파문이 확산되고 있는 가운데 페이스북 최고 경영자 마크 저커버그는 최대 위기를 맞고 있습니다. 그는 조만간 미국과 영국 의회 청문회에 출석할 것으로 보입니다. 수많은 사람들이 페이스북으로부터 탈출하고 있습니다. '사람을 연결하는 것'을 최고의 가치로 삼은 페이스북이 너무 사람들을 연결해 놓은 대가를 혹독히 치르고 있습니다.

우리는 현대판 빅브라더에 포위되어 있습니다. 우리의 디지털 발자국은 늘 감시당하고 있습니다. 각종 소셜네트워크서비스(SNS)뿐 아니라 폐쇄 회로(CC) TV, 차량용 블랙박스 등은 현대판 텔레스크린이자 파놉티콘입니다.

앞으로 미국을 가기 위해 비자를 신청하는 사람은 과거 5년간 사용한 페이스북, 트위터, 인스타그램 등 자신의 SNS 계정 정보를 의무적으로 제출해야 한다는 뉴스가 나옵니다. 한마디로 개인의 디지털 흔적을 미국 정부가 미리 들여다보겠다는 겁니다. 테러 등 외부 위협을 대비하기 위한 조치라고 하지만 비자 신청자들의 입장에서는 꺼림칙한 일입니다.

현대판 빅브라더 앞에 사생활의 비밀과 자유, 잊힐 권리 등 개인의 인권이 지나치게 경시되는 것은 아닌지 우려스럽습니다. 빅데이터를 어떻게 사용하느냐에 따라 빅찬스가 될 수도 있고 빅브라더가 될 수도 있습니다. 🖋️동아일보, 2018.04.04.

Q1 민간 업체나 국가 기관이 개인의 정보를 수입하는 것이 왜 문제인가?

Q2 개인이 동의한 정보를 수집하여 마케팅 등에 활용하는 것은 문제될 것이 없는가?

Q3 '알 권리*'와 '잊힐 권리*'는 서로 배타적인가?

알 권리(Right to know) 자유롭게 정보를 수령, 수집하거나 정보 공개를 청구할 수 있는 헌법상 권리이다.
잊힐 권리(Right to be forgotten) 정보 주체가 온라인상 자신과 관련된 모든 정보에 대한 삭제 및 확산 방지를
요구할 수 있는 자기 결정권 및 통제 권리를 뜻한다.

소크라테스
토론하기

중국 정부는 빅데이터와 인공 지능(AI)을 동원한 사회 신용 시스템을 통해 개인의 온·오프
라인상 신용, 금융, 사회, 시민 활동 등의 정보를 수집하여 활용하고 있다. 이에 대한 찬반
양론이 존재한다. 현대 사회에서 '알 권리'와 '잊힐 권리' 중 어느 것이 더 중요한가?

08
에빙하우스와
망각 곡선

"4월은 가장 잔인한 달 / 죽은 땅에서 라일락을 키워 내고 / 기억과 욕망을 뒤섞고 / 잠든 뿌리를 봄비로 깨운다. / 겨울은 오히려 따뜻했었다."

T. S. 엘리엇(1888~1965)의 장편시 '황무지'(1922)에 나오는 구절입니다. 사랑하는 사람을 잃은 마음을 표현한 시라는 주장이 있습니다. 그가 사랑한 사람이 제1차 세계 대전에 참전 중 4월에 죽었는데, 4월은 어김없이 찾아오고 온 세상은 눈부신 생명들로 되살아나고 있다면, 그에게 4월은 잔인한 달이겠지요.

잔인한 기억은 잊고 싶겠지만, 잊어서는 안 되는 것도 있습니다. 2018년 4월 16일은 세월호 참사 4주년이었습니다. 기억할수록 아픔이 더해 오지만 그날을 잊지 않기 위한 추모의 발길이 온종일 이어졌습니다. 4년이 지났음에도 불구하고 세월호의 진실은 바다 깊이 잠긴 채 시간은 그날로 멈춰 섰습니다. 노란 리본이 흘날리는 팽목항의 4월 역시 가장 잔인한 달입니다.

학생들에게는 또 다른 의미에서 4월이 잔인한 달입니다. 시험을 마주하기 때문이지요. 오죽하면 학생들은 개나리의 꽃말을 중간고사라 할까요. 학생들은 공부한 내용을 까먹지 않기 위해 갖은 애를 씁니다. 그렇지만 그게 그리 쉬운 일은 아닙니다. 독일 심리학자 헤르만 에빙하우스(1850~1909)의 망각 곡선 이론에 따르면, 인간의 기억은 시간의 제곱에 반비례한다고 합니다. 학습 후 10분이 지나면 망각이 시작되어 1시간 뒤 50%, 하루가 지나면 67%, 한 달 후엔 80%를 잊어버린다고 합니다.

인간은 본래 망각의 동물이라고 하지만, 망각의 정도가 심한 경우도 있습니다. 지난주 어느 야당 대표는 전직 대통령 탄핵에 적극 반대했던 인사들을 지방 선거 후보로 영입했습니다. 당시 그 당이 탄핵에 찬성했던 사실을 기억하는 사람들은 당혹스러울 겁니다. 박근혜 전 대통령에 대한 형사 재판 1심 선고 직후 야당 대표는 '국민의 사랑을 받았던 공주를 마녀로 만들어버렸다.'며 박 전 대통령을 감쌌습니다. 탄핵 당시 '춘향인 줄 알았더니 향단이었다.'고 말하며 탄핵된 대통령을 출당 조치한 장본인이 불과 5개월 만에 망각한 겁니다.

2017년 5월 19대 대선에 출마한 후보들은 올해 지방 선거와 개헌 국민 투표를 동시에 실시하기로 여러 차례 약속했습니다. 그런데 어느 야당은 느닷없이 개헌을 지방 선거 이후로 미루자고 주장하고 있습니다. 이 정도 망각이라면 에빙하우스의 이론을 뛰어넘는 수준입니다. 정치인들의 손바닥 뒤집기식 망각을 바라보는 국민들은 그저 어리둥절합니다.

보통 과거를 부끄러워하는 자가 망각을 쉽게 합니다. 위안부 원죄를 잊고 싶어 하는 일본이 그렇습니다. 과거는 망각한다고 지워지지 않습니다. 망각에 의해 진실이 은폐되지도 않습니다. 잊어야 할 것이 있고 잊지 말아야 할 것이 있는 법입니다. 대한항공 '땅콩 회항 사건'을 망각하는 순간 또 다른 안하무인眼下無人과 갑질이 반복될 겁니다. 잊지 말아야 할 것들까지 쉽게 잊는 것은 아닌지 되돌아보게 됩니다.

4월은 참 곡절이 많은 달입니다. 제주의 4월 3일은 유채꽃마저 슬프게 만든 날입니다. 4월 11일은 나라 잃은 우리 민족이 이국 땅에 임시 정부를 수립한 날입니다. 내일은 목숨 걸고 독재의 사슬을 끊어낸 민주 혁명의 날 4·19입니다. 활짝 핀 4월의 꽃들은 우리에게 슬픔이기도 하고 분노이기도 하고 희망이기도 합니다. 잊을 수 없는 4월은 그렇게 또 흘러갑니다. ✒동아일보, 2018.04.18.

Q1 과거를 망각하는 것이 왜 문제인가?

Q2 잊어야 할 것과 잊지 말아야 할 것을 어떻게 구분할 수 있는가?

Q3 4월을 잊지 말아야 하는 이유가 무엇인가?

Q4 에빙하우스의 이론에 근거하여 학생들에게 어떤 조언을 하겠는가?

소크라테스
토론하기

일본군 '위안부' 피해자이자 평화 인권 운동가인 김복동(1926~2019) 님이 지난 2019년 1월 28일 별세했다. 영결식은 2월 1일 서울 종로구에 있는 일본 대사관 앞에서 열렸다. 김복동 님은 일본군 위안부 만행을 전 세계에 알리고 유엔인권위원회에서 직접 증언한 인물이다. 일본 정부는 위안부 피해 여성들에 대한 사죄를 거부하고 있다. 이에 반해 독일 총리 콘라트 아데나워는 1951년 "독일 국민의 절대다수는 유대인을 상대로 한 범죄를 혐오하였으며 그 범죄에 동참하지 않았다. 하지만 그 범죄가 독일 국민의 이름으로 저질러졌기에 그에 대한 도덕적·물질적 배상을 해야 한다."고 말했다. 과거 세대의 잘못을 현재 세대가 책임져야 하는가?

09

'저항의 상징'이 된 가이 포크스

가상의 제3차 세계 대전 후인 2040년 영국, 주인공 브이(V)는 사회를 완벽히 통제하는 정권에 저항하여 혁명을 꿈꿉니다. 제임스 맥티그 감독의 영화 '브이 포 벤데타'(2006)의 줄거리입니다. 브이를 따라 '가이 포크스Guy Fawkes' 가면을 쓴 사람들이 거리로 쏟아져 나오는 마지막 장면은 인상적입니다. 가이 포크스 가면은 해커 그룹 '어나니머스Anonymous'의 로고이기도 합니다. 2011년 월가 시위에서도 가이 포크스 가면이 등장하는 등 이후 수많은 시위에서 이 가면이 사용되면서 가이 포크스는 저항의 상징으로 통합니다.

가이 포크스(1570~1606)는 1605년 11월 5일 영국 의회 의사당을 폭파시켜 왕과 대신들을 몰살시키려 했던 '화약 음모 사건'의 주동자입니다. 당시 가이 포크스의 저항 대상은 영국 국교회를 배타적으로 옹호하고 가톨릭과 청교도를 억압했던 제임스 1세와 그 추종 세력이었습니다. 거사 직전 체포되어 뜻을 이루지 못했습니다. 하지만 매년 11월 5일이 되면 '가이 포크스 데이'를 기념하여 영국 전역에서 화려한 불꽃놀이가 열립니다. 당시 왕실에서는 왕의 무사함을 기뻐하는 의미에서 불꽃놀이를 했으나 훗날 많은 사람들은 가이 포크스의 실패를 아쉬워하는 뜻으로 불꽃놀이를 벌였다고 합니다. 권력자의 의도와 달리 가이 포크스는 저항의 상징이 되었으니 역설적입니다.

저항권이 인간의 보편적 권리로 인식된 것은 그 뒤의 일입니다. 사회 계약론자인 영국의 정치철학자 존 로크(1632~1704)는 『시민 정부론』(1690)에서 정부가 인민의 신탁을 배반하고 자연권을 침해하게 된다면 인민은 저항하여 정부를 재구성할 정당한 권리를 가진다고 했습니다. 천부인권적 권리로서 저항권은 절대 왕정을 타도하는 사상적 기반이 됐습니다.

오늘날 저항의 대상은 정부뿐만 아니라 일상적 폭력에 이르기까지 다양합니다. 2018년 5월 4일 서울 종로구 세종 문화 회관 앞에 가이 포크스 가면이 등장해 눈길을 끌었습니다. 이날 집회에 참가한 사람들은 대한항공 직원들입니다. 그들은 조양호 한진 그룹 회장 일가의 퇴진과 갑질 근절을 촉구했습니다. 민간 기업에서 직원들이 불이익을 감수하면서까지 경영진들의 퇴진을 요구하는 보기 드문 장면입니다.

대한항공 오너 일가인 조현아 전 부사장(조 회장의 장녀)의 '땅콩 회항' 사건은 재벌가 갑질의 단면을 보여준 사건으로 유명합니다. 2014년 이륙 준비하던 항공기 기내에서 땅콩 제공 서비스를 문제 삼으며 난동을 부린 데 이어 비행기를 되돌려 사무장을 강제로 내리게 한 사건입니다. 최근에는 '물벼락 사건'으로 시끄럽습니다. 조현민 전 대한항공 전무(조 회장의 차녀)의 부하 직원 및 협력 업체 직원에 대한 막말과 물컵을 집어던진 사건입니다. 이 사건 뒤 기업의 갑질 문화에 찌들었던 전현직 직원들의 고발이 이어지고 있습니다.

부하 직원을 부려먹는 사람 정도로 하찮게 여기는 안하무인의 행태에 시민들의 시선은 매우 따갑습니다. 국적기에 '대한'이란 이름을 못 쓰게 해야 한다고 청원하고 있습니다. 권력과 자본을 가진 자들이 갑질 대신 노블레스 오블리주(상류층의 도덕적 의무)를 행하는 모습을 보고 싶습니다. 한국에서 저항의 상징 '촛불'과 '가이 포크스'가 결합되었으니, 갑과 을이 서로 존중하며 공존하는 희망의 공동체가 실현되기를 기대합니다. 동아일보, 2018.05.09.

소크라테스
질문하기

Q1 시민들은 왜 저항권*을 행사하는가?

저항권(Right of resistance) 국가 권력에 의하여 헌법의 기본 원리에 대한 중대한 침해가 행하여지고 그 침해가
헌법의 존재 자체를 부인하는 것으로서 다른 합법적인 구제 수단으로는 목적을 달성할 수 없을 때에 국민이 자기의
권리, 자유를 지키기 위하여 실력으로 저항하는 권리이다.

Q2 대기업과 재벌의 갑질을 근절하고 노블레스 오블리주를 실현하는 것이 가능한가?

Q3 자연법상의 권리를 행사하는 과정에서 실정법을 위반했다면 처벌해야 하나?

소크라테스
토론하기

대한항공 오너 가족의 갑질을 계기로 국적기 대한항공에서 '대한'이란 이름을 못 쓰게 해
야 한다는 주장을 지지하는가?

10

태아와 낙태죄

어머니 배 속에 있는 태아를 사람으로 보아야 할까요? 사람으로 본다는 것은 태아의 법적 권리를 인정한다는 의미입니다. 우리나라 현행법에서는 태아에 대한 관점이 조금씩 다릅니다. 민법에서는 태아를 사람으로 보지 않습니다. 따라서 자연인과 달리 태아는 원칙적으로 권리 능력이 없습니다. 다만 살아서 태어날 경우에 한해 예외적으로 태아의 상속권과 타인의 불법 행위에 대한 손해 배상 청구권을 인정합니다.

하지만 형법에서는 태아의 생명권을 인정하고 있습니다. 분만을 위한 산모의 진통이 시작된 후 고의로 태아를 죽게 하면 영아 살해죄가 됩니다. 분만 개시 이전에 죽게 하면 낙태죄가 성립합니다. 현행법에는 다음과 같이 규정되어 있습니다. '부녀가 약물 기타 방법으로 낙태한 때에는 1년 이하의 징역 또는 200만 원 이하의 벌금에 처한다.'(형법 제269조 1항), '의사, 한의사, 조산사, 약제사 또는 약종상이 부녀의 촉탁 또는 승낙을 받아 낙태하게 한 때에는 2년 이하의 징역에 처한다.'(형법 270조 1항)

원치 않는 임신까지 낙태가 금지되는 것은 아닙니다. 현행 모자보건법에는 임산부의 건강을 심각히 해치거나 성폭행 등에 의한 임신 등 다섯 가지 사유가 있을 경우에는 임신 24주 이하인 경우에 한해 낙태를 허용하고 있습니다. 2010년 기준 정부가 파악한 낙태는 한 해 16만 8,000여 건인데 비해 대한산부인과의사회는 연간 109만 5,000건으로 추산하고 있습니다. 이 가운데 합법적인 낙태는 6%에 불과하고 기소까지 이어지는 경우는 극히 드물다고 합니다. 사실상 현실과 법률이 겉돌고 있는 모양새입니다.

2018년 5월 24일 많은 사람의 시선이 헌법 재판소에 집중됐습니다. 1953년에 제정되어 60년이 넘게 존속되어 온 낙태죄의 위헌 여부에 대한 헌법 소원 공개 변론이 열렸기 때문입니다. 2012년에 찬반이 4대 4로 위헌 정족수(6명)에 미치지 못해 합헌 결정을 내린 뒤로 6년 만에 다시 열린 낙태죄 위헌 여부에 대한 심리입니다.

논란의 핵심 쟁점은 '태아의 생명권'과 '여성의 행복 추구권 및 자기 결정권'입니다. 전자를 인정하느냐 마느냐에 따라 후자에 실리는 무게가 달라집니다. 종교 단체, 시민 단체, 누리꾼 사이에서 찬반 여론이 팽팽히 맞서 있습니다. 정부의 입장도 두 갈래로 갈렸습니다. 여성가족부는 여성의 권리를 보다 중요한 가치로 보아 위헌 입장이고 법무부는 태아의 생명권을 중시하여 합헌 입장입니다. 이 문제는 사실 문제가 아니라 가치의 문제이기 때문에 더욱 해결이 어렵습니다.

2017년 11월 낙태죄 폐지 국민 청원이 23만 명을 넘어 사회적으로 이슈가 됐습니다. 낙태죄 폐지론자들은 의존적 존재인 태아의 권리보다 여성의 자기 결정권과 건강권, 행복 추구권이 더욱 중요하다고 주장합니다. 반면 태아를 보호해야 할 생명권의 주체로 보는 존치론자들은 낙태죄를 폐지하면 생명 경시 풍조가 만연하고 낙태가 더욱 늘 것을 우려합니다.

이번 기회에 태아의 생명권 보호와 여성의 행복 추구권이 함께 보호될 수 있는 절묘한 입법 방안이 나올 수 있을지 궁금합니다. 인구의 78%가 가톨릭 신자이며 유럽에서 가장 낙태를 엄격하게 금지해온 아일랜드는 5월 25일 국민 투표를 통해 35년 만에 낙태를 허용했습니다. 근본적으로는 생명의 소중함에 대한 인식과 더불어 책임질 수 없는 생명을 만들지 않는 남녀 모두의 성숙한 태도가 필요하지 않을까요. ✒동아일보, 2018.05.30.

소크라테스 질문하기

Q1 태아에 대한 민법과 형법의 관점이 어떻게 다른가?

Q2 민법은 왜 상속권과 타인의 불법 행위에 대한 손해 배상 청구권에 있어서 태아의 권리 능력을 예외적으로 인정할까?

Q3 낙태 문제에 있어서 현실과 법률이 겉돌고 있는 이유가 무엇인가?

Q4 낙태죄 존치론자들과 폐지론자들이 내세우는 주장의 근거는 각각 무엇인가?

Q5 낙태를 줄일 수 있는 방안은 무엇인가?

소크라테스 토론하기

'태아의 생명권'과 '여성의 행복 추구권 및 자기 결정권' 중 어느 것이 더 중요한가?

11
진보 정치인
노회찬

　　흔히 진보 성향의 정치 세력을 좌파라 하고 보수 성향의 정치 세력을 우파라 합니다. 좌파를 좌익, 우파를 우익이라 부르기도 합니다. 좌익左翼은 '왼쪽 날개'라는 뜻이지만 정치적으로는 급진적·혁신적 정파를 의미합니다. '오른쪽 날개' 우익右翼은 점진적·보수적 정파를 의미합니다. 좌익과 우익이라는 정치적 용어의 어원은 프랑스 혁명 직후로 거슬러 올라갑니다.

　프랑스 혁명 후 기존 의회가 해산되고 보통 선거를 통해 국민공회가 소집됩니다. 1792년 9월 21일, 국민공회는 왕정을 폐지하고 공화정을 선포함으로써 프랑스 제1공화국을 수립합니다. 당시 국민공회 의사당의 왼쪽에는 급진적인 자코뱅파(공화파) 의원들이 앉았고 오른쪽에는 보수적인 지롱드파(왕당파) 의원들이, 가운데에는 중도파인 마레당 의원들이 앉았습니다. 이때부터 혁명에 소극적인 온건 보수 세력을 우익으로, 상대적으로 혁명에 동조하는 급진적인 세력은 좌익으로 나누는 관행이 정착되었습니다. 지금까지도 유럽 의회에서는 공산당, 녹색당, 사회민주당 의원들은 의장석에서 보아 왼쪽에 앉고 보수 정당의 의원들은 오른쪽에 앉습니다.

전통적으로 좌파와 우파를 가르는 몇 가지 기준이 있습니다. 핵심 가치 면에서 좌파는 평등, 우파는 자유를 중시합니다. 국가와 시장의 관계 면에서 좌파는 국가의 적극적 역할을, 우파는 시장의 자율성을 상대적으로 강조합니다. 경제 정책에서 좌파는 분배를, 우파는 성장을 우선시합니다.

지난주 진보 정치인 노회찬 의원이 세상을 떠났습니다. 드루킹 진영으로부터 받은 금품이 원인이 됐습니다. 노회찬은 정치 자금을 받고 후원금 처리 절차를 밟지 않은 자신의 과오를 인정하는 유서를 남기고 극단적인 방법으로 삶을 마감했습니다. 유서에는 "어리석은 선택이었으며 부끄러운 판단이었다."며 "죄송하다."고 적었습니다.

정치인 노회찬은 기득권에 저항하면서 노동자, 농민, 빈민, 여성 등을 위해 진보 이념을 현실 정치 속에서 실천해온 것으로 평가받습니다. 우리나라와 같은 분단 국가에서 진보 이념을 실천하며 사는 것이 무척 어려운 일임에도 그는 늘 유머와 위트를 잊지 않았습니다. 인간미 넘치는 촌철살인寸鐵殺人의 논객인 노회찬은 왼쪽 날개를 통해 정치적 인식의 지평을 확장하는 데 기여했습니다.

2018년 7월 27일, 노회찬의 영결식이 국회 앞마당에서 열렸습니다. 운구차 옆에 늘어선 19명의 청소 노동자들의 눈물의 배웅이 인상적이었습니다. '정치의 본질이 못 가진 자, 없는 자, 슬픈 자, 억압받는 자 편에 서는 것'이라고 주장했던 그의 목소리가 귓전을 울립니다.

정치는 인간의 삶을 만들어가는 창조적 행위입니다. 정치가는 공익적 삶을 설계하는 건축가이자 디자이너입니다. 좌와 우가 균형을 이룰 때 멋진 건축이 완성되듯 정치인 노회찬이 굳건히 지킨 왼쪽 날개의 의미를 우리 세대는 평가할 것입니다. 진보와 보수가 공존하며 토론과 타협을 통해 정치적 상상력이 확장되기를 희망해 봅니다. 🖋동아일보, 2018.08.01.

Q1 좌파가 우파에 비해 평등 이념을 더 중시하는 이유가 무엇인가?

Q2 정치가 '인간의 삶을 만들어가는 창조적 행위'인 이유가 무엇인가?

Q3 정치 영역에서 왜 진보와 보수가 공존해야 하는가?

Q4 경제 정책과 관련하여 성장과 분배 중 어느 것을 우선시해야 하는가?

소크라테스
토론하기

정치의 본질은 사회적 약자의 편에 서는 것인가?

12
마틴 루서 킹

"나에게는 꿈이 있습니다. 이 나라가 '모든 인간이 평등하게 창조되었다는 것을 우리는 자명한 진리로 여긴다.'라는 신념을 실현할 것이라는 꿈이 있습니다."

마틴 루서 킹(1929~1968)이 55년 전 8월 28일 워싱턴에서 한 '나에게는 꿈이 있습니다(I Have a Dream)'라는 제목의 연설입니다. 1963년 그날은 노예 해방 100주년을 기념하여 미국 워싱턴에서 평화 대행진이 열린 날입니다.

킹 목사는 인도 간디의 영향을 받아 비폭력주의에 입각한 시민 불복종 운동을 일관되게 해왔습니다. 시민 불복종은 합법적인 모든 수단을 동원했음에도 불구하고 국가의 부당한 권력 행사가 계속될 경우 제재와 불이익을 감수하면서 부당함에 맞서는 최후의 저항입니다. 그것을 비폭력 평화주의의 원칙에 따라 수행하여 제도와 관행을 바꿔놨으니 인류의 진보에 크게 이바지한 인물로 기록될 만합니다.

1955년 12월 어느 날 미국 앨라배마주 몽고메리에서 버스를 탄 흑인 로사 파크스는 백인 승객에게 자리를 양보하라는 버스 기사의 지시를 거부하다 경찰에 체포됩니다. 이후 킹 목사는 흑인들을 규합하여 381일 동안이나 버스 승차 거부 운동을 주도했습니다. 흑인들은 학교와 직장을 걸어서 가고 흑인이 모는 택시만 이용하는 방식으로 비폭력 저항 운동을 계속했습니다. 5만여 명이 참여하는 끈질긴 요구에 연방 대법원은 마침내 로사 파크스의 유죄 판결을 무효화하고 버스에서의 흑백 차별을 없애라는 판결을 내리게 됩니다. 1956년 공공 운송 수단에서의 인종 차별은 위헌이라는 대법원 판결과 1964년 공공시설에서의 인종 차별을 금지하는 연방 시민권법 역시 몽고메리 버스 승차 거부 운동을 계기로 얻어낸 변화입니다.

그 뒤 킹 목사는 1963년 워싱턴 대행진을 비롯한 수많은 운동을 이끌었고 흑인이 백인과 동등한 시민권을 얻어 내기 위한 공민권 운동을 추진했습니다. 1964년에는 이러한 공로가 인정되어 노벨 평화상을 받았고 1986년 미국 의회는 킹의 업적을 기리기 위해 탄생일인 1월 셋째 주 월요일을 '마틴 루서 킹 데이'라는 국경일로 지정했습니다. 그러나 킹 목사는 1968년 4월 멤피스에서 흑인 청소부 파업을 지원하던 도중 괴한에게 암살당하고 맙니다. 그의 나이 불과 39세에 세상에 커다란 족적을 남기고 갔습니다.

세월이 흘러 2008년 8월 28일 미국 덴버에서 열린 민주당 전당대회 마지막 날, 버락 오바마는 민주당 대통령 후보 수락 연설을 합니다. 이날 연설에서 오바마는 "케냐 출신 남성과 캔자스 출신 여성은 유복하지도, 유명하지도 않았습니다. 하지만 우리 아이들이 뜻하는 게 무엇이든 이룰 것이라는 믿음을 갖고 그들은 살았습니다. 지금 이 순간, 이 선거는 21세기에도 미국의 약속을 살아 숨 쉬게 할 기회입니다."라는 연설을 했습니다.

4개월 뒤 미국은 흑인 오바마를 대통령으로 당선시키며 인종적 굴레에서 벗어나는 듯했습니다. 그러나 아직도 미국을 비롯한 수많은 나라에서 인종 갈등이 여전합니다. 인종뿐만 아니라 성, 종교, 민족, 세대 간의 갈등 등 곳곳에서 균열이 나타납니다. 인류가 투쟁을 통해 허물어 온 차별의 장벽을 다시 쌓는 반역에 맞서는 것, 차이를 인정하되 차별을 용납하지 않는 것은 우리 세대의 몫입니다.

동아일보, 2018.08.28.

Q1 '시민 불복종*'과 '저항권'의 공통점과 차이점은 무엇인가?

시민 불복종(civil disobedience) 국가의 법이나 정부 내지 지배 권력의 명령 등이 부당하다고 판단했을 때, 이를
공개적으로 거부하는 행위를 말한다. 시민 불복종이 정당화되기 위한 조건에는 비폭력적이어야 함, 최후의 수단이
되어야 함, 처벌을 감수해야 함, 목적이 정당해야 함이 있다.

Q2 필자는 앞의 글에서 '차이를 인정하되 차별을 용납하지 않는 것은 우리 세대의 몫입
니다.'라고 했는데, 차이와 차별은 어떻게 다른가?

Q3 시민 참여가 인권 신장에 기여할 수 있는가?

Q4 필자는 앞의 글에서 '인종뿐만 아니라 성, 종교, 민족, 세대 간의 갈등 등 곳곳에서 균
열이 나타난다.'고 했는데, 현재 우리 사회에서 심각한 사회 문제로 대두되는 것과 그렇지
않은 것은 각각 무엇이며 왜 그런가?

소크라테스
토론하기

최후의 수단으로 정당하게 행사된 시민 불복종 행위가 실정법을 위반했을 경우 이를 처벌
해야 하는가?

13
캐러밴 난민과
미국의 셧다운

  한인 기자가 촬영한 사진 한 장이 세계적 특종이
됐습니다. 기저귀를 찬 어린이들을 양 손에 이끌고 최루탄을 피해
달아나는 어머니의 애처로운 모습입니다. 사진 속 주인공은 온두
라스 출신의 마리아 릴라 메자 카스트로와 그의 자녀들입니다. 이
들은 미국에 사는 애들 아빠와 합류하기 위해 미국으로 향하던 중
국경 수비대의 최루탄 공격을 받았습니다. 다행스럽게도 이들은
입국이 허용돼 현재 미국에서 난민 심사를 받고 있습니다.

  캐러밴caravan은 말이나 차가 끄는 이동식 주택을 뜻합니다. 우
리에게 캐러밴은 여가를 즐기는 사람들의 캠핑카를 연상케 하지
만 남미의 캐러밴은 미국 입국을 목적으로 국경을 떠도는 난민들
을 의미합니다. 최근 미국은 가난과 범죄를 피해 조국을 탈출한 수
천 명의 중남미 캐러밴들로 골머리를 앓고 있습니다. 현재 미국으

로 가기 위해 멕시코 국경 도시 티후아나에 모인 캐러밴 난민들이 6,000여 명이라 합니다. 미국 정부는 군 병력을 배치하고 최루탄을 발사하며 이들의 입국을 강경하게 막고 있습니다. AP통신에 따르면 지난 4년 동안 캐러밴 행렬의 사망자 및 실종자 수가 4,000명에 육박한다고 합니다.

최근 미국 연방 법원은 망명 신청을 제한하는 도널드 트럼프 행정부의 정책(11월 시행)을 중단하라는 취지의 판결을 내렸습니다. 2018년 12월 19일 워싱턴 D.C. 에밋 설리번 연방 판사는 "가정 폭력이나 갱단 폭력의 위험에서 도망친 난민을 제한하는 것은 이민법 위반"이라며 난민들의 인권과 이주의 자유를 우선시한 판결을 내렸습니다.

현재 미국은 여야 간 대립이 팽팽합니다. 핵심 쟁점은 트럼프 행정부가 새해 예산안에 포함한 멕시코 국경 장벽 건설 예산 57억 달러 문제입니다. 야당인 민주당은 그 예산을 인정할 수 없다며 삭감을 요구하고 있습니다. 하원을 통과한 예산안이 민주당의 반대로 상원에서는 표결조차 시도되지 못한 채 연방 의회는 12월 21일 결국 휴회했습니다. 이에 따라 미국 연방 정부는 22일 0시부로 셧다운(일시적 업무 정지)이 시작됐습니다. 미국 연방 정부의 공공 서비스는 국방·치안·소방·전기·수도 등 필수 업무를 제외하고 모두 중지됐습니다.

단원제인 우리나라와 달리 양원제를 택하고 있는 미국은 하원과

상원 모두 통과해야 법안이 확정됩니다. 상원은 전체 의원 100명 중 공화당이 51명으로 과반수를 차지하고 있지만, 예산안 통과는 60명 이상이 찬성해야 하므로 민주당의 동의 없이는 예산안 처리가 불가능한 구조입니다. 12월 27일 재개되는 상원 회의에서 극적인 타결을 기대하지만 앞을 내다보기 어렵습니다.

트럼프 정부의 셧다운은 이번이 세 번째입니다. 2018년 1월 20일 ~22일과 2월 9일 반나절 동안 셧다운 사태를 경험했습니다. 공통점은 모두 국경 장벽 건설 문제입니다. 그만큼 난민 수용 문제는 미국에서 매우 중요한 쟁점입니다. 자국민의 안전과 일자리를 보호하느냐 아니면 난민의 인권과 이주의 자유를 보호하느냐의 가치가 충돌하는 문제여서 해법 마련이 쉽지 않습니다.

난민 문제는 유럽에서 오랫동안 논란이 됐던 문제이며 우리나라도 예멘 난민 문제로 홍역을 치렀습니다. 미국과 유럽의 사례로부터 우리는 어떤 교훈을 얻어야 할지, 난민 수용 여부는 끝나지 않은 고민입니다. 한 해를 보내는 마당에 모두에게 따뜻한 성탄과 연말은 정녕 불가능한 것일까요. 동아일보, 2018.12.26.

Q1 미국에서 난민* 수용 문제가 심각한 사회 문제로 대두된 이유가 무엇인가?

난민(難民) 난민의 지위에 관한 협약(난민 협약)의 정의에 따르면, "인종, 종교, 국적 또는 특정 사회 집단의 구성원 신분 또는 정치적 의견을 이유로 박해를 받을 우려가 있다는 충분한 이유가 있는 공포로 인하여 국적국 밖에 있는 자로서 그 국적국의 보호를 받을 수 없거나 또는 그러한 공포로 인하여 그 국적국의 보호를 받는 것을 원하지 아니하는 자"를 말한다.

Q2 난민 문제에 대해 국제 사회와 개별 국가의 이해가 충돌하는가?

Q3 난민 문제에 대한 미국의 집권 여당인 공화당과 야당인 민주당의 입장은 왜 다른가?

소크라테스
토론하기

우리나라는 최근 제주도에 상륙한 예멘 난민 수용 여부를 둘러싼 문제로 홍역을 치렀다. 인도적 차원에서 난민을 적극 수용해야 하는가, 아니면 자국민의 이익과 안전을 위해 거부해야 하는가?

2장

시장

미 대통령 트럼프의
보호 무역주의 장벽

- 트럼프가 넘은 것과 넘지 못한 것

요즘 뉴스에서 가장 자주 언급되는 인물은 미국 대통령 도널드 트럼프일 것입니다. 아침마다 트위터에 글을 남기고 정제되지 않은 돌출 발언을 하는가 하면 국내외적으로 논란을 일으키기도 합니다. 곧잘 화를 내고 언론과 갈등을 빚습니다. 이전 대통령의 품격과는 분명 다릅니다. 흥미롭기도 하고 불안하기도 합니다. 미국인들 사이에서 지지율이 40%를 넘지 않으면서 탄핵 주장이 끊임없이 흘러나옵니다. 그럼에도 불구하고 그는 초강대국 미국의 현직 대통령으로 국제 정세를 좌지우지합니다.

그가 2017년 11월 7일 1박 2일 일정으로 우리나라를 국빈 방문합니다. 국빈 방문은 공식 방문이나 실무 방문과 달리 국가 간 최고 수준의 영접을 의미합니다. 두 주권 국가 간 우호 관계를 표현하는 가장 높은 단계이지요.

우리나라를 최초로 국빈 방문한 미국 대통령은 드와이트 아이젠하워입니다(1960). 이후 린든 존슨(1966), 제럴드 포드(1974), 지미 카터(1979), 로널드 레이건(1983), 조지 부시(1992) 등 총 6명의 미국 대통령이 우리나라를 국빈으로 다녀갔습니다. 조지 W 부시, 빌 클린턴, 버락 오바마는 공식 방문의 형식으로 다녀갔습니다. 이번에 오는 도널드 트럼프 대통령은 25년 만에 국빈 방문하는 것입니다. 그의 방문이 특히 눈길을 끄는 것은 북한의 김정은과 뜨거운 설전이 오가고 남북 관계의 긴장이 극도로 고조되어 있는 가운데 이뤄지기 때문입니다. 이번에 한·중·일을 동시에 방문하면서 그가 어떤 메시지를 쏟아낼지 세계의 이목이 쏠려 있습니다.

트럼프 대통령의 사생활은 흥미롭습니다. 부동산 투자 회사의 최고 경영자 출신인 그는 결혼을 세 번 했습니다. 세 번째 부인인 멜라니아(47)는 슬로베니아 모델 출신으로 트럼프와 무려 24세나 차이가 납니다. 첫 번째 부인 이바나 트럼프와의 사이에서 얻은 딸 이방카의 나이가 36세이니 그녀의 새어머니 멜라니아와는 불과 열한 살 차이입니다. 사랑의 힘은 국경도 나이도 모두 초월하는 것 같습니다.

하지만 트럼프 하면 우선 떠오르는 것은 자국 우선주의와 보호 무역주의입니다. 자국 산업 보호를 명분으로 세이프가드^{safeguard}(긴급 수입 제한 조치) 카드를 꺼내 드는가 하면, 자유 무역 협정(FTA)의 폐기 또는 재협상을 향해 움직이고 있습니다. 미국과 멕시코 사이

3,143km의 국경에는 9m 높이의 거대한 콘크리트 장벽을 세우고 있습니다. 그의 반反 이민 정책은 미국 내에서도 많은 비판에 직면해 있습니다.

자유 무역주의는 '관세 및 무역에 관한 일반 협정(GATT)' 체제와 이를 이은 '세계 무역 기구(WTO)'가 오랫동안 지향해 온 정책인데, 트럼프 정부는 이 흐름을 역행하고 있는 셈이지요. 원래 보호 무역은 유치산업을 키워야 하는 후진국이나 저개발국이 선호하고, 이미 경쟁력 있는 산업이 시장을 주도하고 있는 선진국은 자유 무역을 선호하는 게 일반적입니다. 영국 케임브리지대의 장하준 교수는 '사다리 걷어차기'라는 비유로 선진국의 자유 무역주의를 비판하기도 했지요. 그런데 경제 최강국인 미국이 오히려 보호 무역주의로 회귀하고 있는 것은 아이러니입니다.

동아일보, 2017.10.25.

**소크라테스
질문하기**

Q1 보호 무역*이 자유 무역*보다 국가 이익에 도움이 되는가?

보호 무역 국내 산업을 보호·육성하고 경제를 성장시키기 위해 국가가 적극적으로 수입을 규제하는 것을 말한다.
자유 무역 국가 간 무역 활동이 시장 경제 원리에 따라 자유롭게 이루어지도록 방임하는 것을 말한다.

Q2 경제 강국인 미국이 보호 무역주의로 돌아선 이유가 무엇인가?

Q3 트럼프 행정부의 반(反) 이민 정책이 왜 비판받는가?

Q4 정치인의 사생활이 그의 정치 능력을 평가하는 데 영향을 끼치는가?

**소크라테스
토론하기**

인간의 이성이 국가 간의 분쟁을 통제할 수 있는가?

파월 연준 의장과
세계의 경제 정책

도널드 트럼프 미국 대통령은 2017년 11월 2일 재닛 옐런 연방 준비 제도(연준) 의장 후임으로 제롬 파월 연준 이사를 지명했습니다. 연준은 우리나라의 중앙은행에 해당합니다. 금리, 물가, 경제 정책을 이야기할 때 자주 언급되는 이름입니다. 연준은 미국뿐 아니라 세계 경제와 통화 정책에 막강한 영향을 끼칩니다.

일단 국내외 시장은 비교적 안도하는 분위기입니다. 파월은 통화 완화를 선호하는 시장 친화적 온건파(비둘기파)로 분류되기 때문입니다. 막판까지 파월 지명자와 경합한 존 테일러 스탠퍼드대 교수는 강경파(매파)이기 때문에 경계하는 분위기였다고 합니다. 시장은 급격한 통화 긴축을 부담스러워한다는 의미로 읽힙니다.

현행 연 1.25%인 기준 금리는 2016년 6월 이후 17개월 연속 동결되고 있습니다. 이제는 기준 금리 동결 행진이 막바지를 향해 치닫고 있는 것으로 보입니다. 미국 경제가 살아나고 있고 고용과 물가에 긍정적 신호가 감지되고 있기 때문이지요. 인상 시기의 문제이지 방향을 되돌릴 가능성은 없습니다.

우리나라의 금리는 한국은행에 설치된 금융통화위원회(금통위)에서 결정합니다. 금통위가 금리 조절을 통해 추구하는 최고 목표는 물가 안정입니다. 경기가 활성화되면 금리 인상을 통해 물가를 진정시키고, 경기가 안 좋아지면 금리를 내려 소비와 투자를 유도하는 것이죠. 미국 연준의 정책은 우리나라 금통위의 결정에 매우 중요한 영향을 끼칩니다.

일반적으로 연준이 기준 금리를 올리면 우리나라와 같은 신흥국은 화폐 가치가 하락하고 외국 자본의 증권 시장 이탈 우려가 커집니다. 앞으로 연준이 0.25%p씩 2, 3차례 금리를 올리면 시장이 요동칠 수 있습니다. 원화 가치 하락에 따른 환율 인상으로 수출 기업들의 실적은 좋아지고 금융이나 보험업의 주가가 오를 수 있습니다. 그러나 원자재 등 수입 물가 상승으로 인해 국내 제조업에 부담이 커질 수 있습니다. 여행 업계나 유학한 자녀를 위해 해외 송금을 해야 하는 가계는 더 많은 원화가 필요하니 힘들어지겠지요.

최근 우리나라 국민은 금리에 무척 민감합니다. 자산에서 주택 등 부동산이 차지하는 비중이 무척 높은 데다 주거 비용의 상당 부분을 대출에 의존하고 있기 때문입니다. 금리가 인상되면 1,400조 원에 육박하는 가계 부채가 경제의 발목을 잡는 뇌관이 될 수 있습니다. 올 10월 금통위 회의 직후 "통화 완화 정도를 줄여나갈 여건이 성숙되고 있다."고 밝힌 이주열 한국은행 총재의 발언은 우리의 기준 금리 인상 가능성을 시사한 것으로 보입니다.

우리나라 가계 대출의 경우 변동 금리 대출 비중이 65%가 넘습니다. 기준 금리를 인상하고 대출을 규제하면 가계 부채 총량을 낮추는 효과가 있을 수 있지만, 대출자들의 이자 부담이 늘어나 한계 가구의 파산으로 이어질 수 있고 가처분 소득 감소로 내수 경제의 활력이 떨어질 수 있습니다. 유비무환有備無患의 자세로 다가오는 잠재적 위험에 적극 대비하며 재도약을 위해 웅크릴 때입니다.

동아일보, 2017.11.08.

소크라테스
질문하기

Q1 금리* 인상으로 누가 이익을 보고, 누가 손해를 보는가?

금리 이자의 원금에 대한 비율(=이자율). 돈을 빌린 사람은 일정 기간 돈을 쓰고 난 다음 빌린 원금 외에 돈을 쓴 것에 대한 대가를 지급하는데, 이것이 이자이다.

Q2 금리 인상은 경제 상황 개선의 지표인가?

Q3 물가 안정과 완전 고용*은 상충하는가?

완전 고용 가용한 생산 요소가 모두 투입된 상태로, 예를 들어 노동 시장의 경우 자발적 실업만이 존재하는 상태이다.

Q4 왜 미국의 금리 인상이 세계 경제에 연쇄적 영향을 끼치는가?

소크라테스
토론하기

가계 부채의 부담 완화를 위해 금리 인상 속도를 늦춰야 하는가?

부르디외의 '구별 짓기'와 현대인의 소비

중국의 광군절(11월 11일)에 알리바바는 하루 매출액 28조 원을 기록했습니다. 미국의 블랙프라이데이(11월 24일-매년 11월 넷째 금요일)는 누구나 즐기는 세계인의 소비 축제로 발전했습니다. 현대인의 소비 성향은 단순히 수요·공급의 원리만으로 설명되지 않습니다. 비쌀수록 오히려 수요가 느는 상품이 있고, 굳이 필요하지 않은 상품에 수요가 몰리는 경우도 있습니다.

미국의 사회학자이자 경제학자인 소스타인 베블런은 '과시적 소비'라는 개념으로 별난 소비 성향을 설명했습니다. 남들과 다른 것을 소유해 자신들의 계층을 드러내고자 일부러 매우 비싼 상품을 소비한다는 것이죠. 그의 '유한계급론'(1899)이 나온 지 한 세기가 지났지만 아직도 과시적 소비 성향은 존재합니다. 프랑스 사회학자 피에르 부르디외도 남들과 달라 보이기 위한 소비 성향에 주목했습니다. 그는 '구별 짓기'(1979)라는 개념으로 현대인의 소비를 통찰했습니다. 군계일학群鷄一鶴이라는 말처럼 수많은 닭의 무리에서 학과 같은 존재가 되고 싶은 마음을 읽은 겁니다.

2017년 11월 중순경 평창 동계 올림픽 기획 상품으로 나온 롱패딩을 사기 위해 수백 명이 줄을 서는 진풍경이 벌어졌습니다. 한정판 거위 털 롱패딩의 가격이 14만 9,000원이라고 합니다. 비슷한 사양의 다른 옷이 30만 원을 훌쩍 넘으니 한정판으로 출시된 기념 옷에 대한 관심은 당연해 보입니다. 가성비를 추구하는 소비지요. 그런데 소비 여력이 없는 중고등학생들 사이에도 롱패딩 열풍이 불고 있습니다. 몇 년 전 '교복'이라는 별명까지 얻었던 한 점퍼 유행의 데자뷔입니다.

이는 획일화된 교복 문화를 탈피하고자 하는 문화적 욕구의 반영이라고 볼 수도 있습니다. 부르디외에 따르면 일종의 구별 짓기 현상입니다. 남들과 다른 것을 소유함으로써 구별 짓기를 하고, 승마와 요트 등 남들이 쉽게 접근할 수 없는 스포츠를 즐김으로써 새로운 계층을 형성합니다. 명문 학교가 엄격한 드레스 코드dress code로 다른 집단과 차별화된 문화와 취향을 드러내는 이유이기도 합니다.

흥미로운 것은 학이 되고자 하는 구별 짓기가 유행이 지나고 나면 모두가 닭이 되어버린다는 겁니다. 구별 짓기와 동시에 '구별 지우기' 현상이 나타나기 때문입니다. 부르디외에 따르면 구별 짓기를 당하는 입장에서는 상류층의 문화를 따라함으로써 끊임없이 구별 지우기를 시도합니다. 짝퉁을 사서라도 구별 지우기를 통해 자기만족을 느끼는 것이지요. 처음에는 소수만이 입고 다니며 구별 짓기를 했던 롱패딩이 어느 순간 누구나 입고 다니는 흔한 상품이 되어버립니다.

사람들은 왜 유행을 좇는 소비를 할까요. 시류에 뒤처지지 않기 위해 또는 교류하는 동년배 집단이나 계층의 사람들로부터 소외되지 않기 위해서입니다. 이러한 현상을 '편승 효과' 또는 '밴드왜건 효과'라고 부릅니다. 부르디외의 말을 빌리자면 구별 지우기에 의해 구별 짓기가 무력화됩니다. 가령 모두가 갖고 싶어 하는 명품 가방을 들고 다닌다면 그 가방에 의한 구별 짓기는 의미가 없어지는 것이죠.

우리는 과연 소비를 통해 무엇을 이룰 수 있을까요. 베블런과 부르디외의 생각을 읽다 보면 소비의 주체가 나인지 타자인지 모호해집니다. 소비의 시대에 우리는 존재의 삶보다는 소유의 삶에 집착해 자아를 잃어 가고 있는 것은 아닌지 돌아보게 됩니다.

동아일보, 2017.11.29.

소크라테스
질문하기

Q1 인간은 왜 필요하지 않은 것을 욕망하는가?

Q2 소유가 인간을 더 자유롭게 하는가?

Q3 이기적이지 않은 인간의 욕망이 존재하는가?

소크라테스
토론하기

소비의 주체는 '나'인가, '타자'인가?

밀레니얼 세대

사회 변동의 속도가 빠를수록 세대 차이가 커집니다. 그 다른 세대를 베이비붐 세대, X세대 등으로 일컬어 왔습니다. 최근 밀레니얼 세대(Y세대)의 새 취향과 트렌드가 주목받고 있습니다. 일반적으로 밀레니얼 세대는 1980년대 후반에서 2000년대 사이에 태어난 세대를 아우릅니다.

이들이 새로운 가치관과 소비 성향을 보이면서 사회과학자와 마케팅 담당자의 관심을 끌고 있습니다. 이들은 베이비붐 세대 이후 최대 소비 주역으로 떠올랐습니다. 욜로족, 가심비, 워라밸 등의 신조어들이 밀레니얼 세대의 라이프 스타일 단면을 보여줍니다.

욜로^{YOLO · You Only Live Once}족은 '한 번뿐인 인생'을 즐기며 현재 자신의 행복을 가장 중시하고 소비하는 성향을 가진 세대를 말합니다. 그들은 미래를 위해 현재를 희생하거나 저축하기보다는 현재의 만족을 위해 즐기고 소비합니다. 기성세대들이 내 집 마련과 노후 준비를 위해 절제하고 저축했던 것과는 대비됩니다. 욜로족은 당장의 만족을 위해 해외여행을 하고 비싼 자전거를 사는 등 취미 생활과 자기 계발에 아낌없이 소비합니다. 이들의 소비는 단순히 물욕을 채우기보다는 자신의 이상을 실현하고 취향을 즐긴다는 점에서 충동구매와 구별됩니다.

얼마 전까지만 해도 가성비價性比(가격 대비 성능)라는 말이 유행이더니 요즘에는 가심비價心比라는 말이 유행입니다. '가격 대비 마음'이라는 표현입니다. 가성비가 비슷한 성능이면 가격이 저렴한 것을 사는 저성장 시대의 소비 트렌드였다면, 가심비는 심리적 만족만 있으면 가격과 상관없이 구매하는 요즘 세대의 소비 트렌드입니다. 가격이 비싸도 마음에 꽂힌 옷이나 물건이 있으면 과감히 지갑을 엽니다. 연예인 캐릭터나 독특한 디자인에 큰돈을 쓰고도 아깝다고 생각하지 않습니다. 이들은 학창 시절부터 새로운 소비 패턴을 보이며 주목받았습니다.

최근에는 워라밸(Work and Life Balance)이라는 신조어도 등장했습니다. 일과 삶의 균형을 의미합니다. 학자들은 워라밸 세대를 1980년대 후반에서 1990년대 초반에 태어나 갓 사회에 진출한 젊은 직장인들로 정의합니다. 사생활을 중시하고 자신만의 취미 생활을 즐기는 이들이 소비 시장의 중심으로 떠오르고 있습니다. 요즘 워라밸 세대의 취향에 맞추어 직원들의 휴식과 문화생활이 있는 삶을 위해 애쓰는 기업이 늘고 있다고 합니다. 워커홀릭, 산업 역군, 야근 등으로 상징되던 기성세대와 비교되는 새로운 라이프 스타일입니다.

요즘 Z세대가 새롭게 주목받고 있습니다. Z세대는 1990년대 중반에서 2000년대 후반까지 태어난 세대로 이들은 어려서부터 인터넷을 자연스럽게 접하며 성장한 세대입니다. 정보 기술(IT)에 익숙하고 소셜네트워크서비스(SNS)를 통해 자유롭게 소통합니다. 밀레니얼 세대와 라이프 스타일이 상당히 비슷합니다. 욜로와 워라밸 현상은 Z세대로 이어져 주류 소비문화를 이끌어갈 것으로 보입니다.

삶의 질과 행복을 추구하는 마음은 누구나 같습니다. 하지만 그 실현 방법은 세대에 따라 다르게 나타납니다. 삶의 경험과 가치관이 다르기 때문이겠지요. 지나친 줄임말로 한글이 파괴되고 세대 간 격차가 확대된다는 일각의 우려도 있지만, 세대 공감은 차이를 인정하는 데서 시작됩니다. 세대 차이에 대한 이해와 소통이야말로 공감대를 넓히는 길이 아닐까요. ✒동아일보, 2018.01.10.

소크라테스
질문하기

Q1 우리는 왜 물질을 탐하는가?

Q2 당신이 기업의 CEO*라면 워라밸을 중시하는 세대를 위한 기업 문화를 어떻게 만들 것인가?

CEO(Chief Executive Officer) 기업에서 이사회의 주재, 기업 방침의 결정, 장기 계획 마련 등과 관련하여 총괄적 책임을 갖는 최고 경영자이다. 대외적으로는 기업을 대표하며, 대내적으로는 이사회의 결의를 집행하고 회사 업무에 관한 결정과 집행을 담당하는 등 대표이사와 유사한 지위·권한을 갖는다.

Q3 욜로족과 가심비를 추구하는 소비자들을 위한 마케팅 전략에는 무엇이 있을까?

소크라테스
토론하기

욕망은 인간을 행복하게 하는가?

취업 준비생의 설움

지난주 설 연휴를 우울하게 보낸 사람이 많습니다. 취업 준비생들이 대표적입니다. 어느 때보다도 취업 시장에 불어닥친 한파가 매섭습니다. 수많은 취업 준비생들에게는 설 명절도 올림픽도 그림의 떡입니다.

한 취업 포털의 발표에 따르면 취업 준비생의 67.2%가 설 연휴를 기대하지 않는다고 응답했다고 합니다. "취업은 했냐?", "연봉은 얼마나 되냐?", "결혼은 언제 하냐?" 등 친척 어른들의 관심이 이들에게는 엄청난 스트레스입니다.

한때 '3포 세대'란 말이 있었습니다. 연애와 결혼, 출산을 포기하는 청년 세대를 뜻합니다. 여기에 집과 인간관계까지 포기하면 '5포 세대', 꿈과 희망까지 버리면 '7포 세대'라 말합니다. 청년들의 열악한 처지를 자조적으로 빗댄 신조어들입니다. 현대경제연구원의 발표에 따르면 신규 취업 청년의 64%가 비정규직이라고 합니다. 학교를 졸업해 자립할 나이가 되었는데도 부모에게 얹혀사는 젊은 이들을 캥거루족이라 부릅니다. 우리나라도 캥거루족이 빠르게 늘고 있습니다.

최근에는 '쇼윈도 취준생'이라는 신조어가 생겼습니다. 주변 시선 때문에 겉으로만 취업을 준비하는 척하는 이들을 의미합니다. 한 취업 포털의 조사에 따르면 취업 준비생의 58%가 자신을 쇼윈도 취준생으로 분류했다고 합니다. 서글픈 현실입니다. 이들은 극심한 취업난 때문에 취업을 아예 포기한 서양의 니트NEET · Not in Education, Employment or Training족과 흡사합니다.

적극적 구직 활동에도 불구하고 실업 상태에 머물러 있는 청년 실업률이 9.9%로 사상 최악입니다. 올해도 노동 시장에 새로 유입되는 청년들을 수용할 만한 일자리가 부족하니 상황이 나아질 기미가 보이지 않습니다. 취업 준비도 벅찬데 생활비를 스스로 벌며 학자금 대출도 갚아나가야 하는 경제적 어려움이 청년들의 삶을 더욱 고단하게 합니다. 최근 드러나고 있는 공공기관과 은행권의 채용 비리는 공정한 경쟁을 바라는 취업 준비생들의 가슴을 더욱 멍들게 하고 있습니다.

대학생들은 학문 탐구를 즐기기보다는 스펙을 쌓는 등 서둘러 취업 준비에 매달립니다. 대학은 더 이상 학문의 전당이 아니라 취업 준비 기관으로 전락했습니다. 새 정부도 일자리 창출과 청년 고용 확대를 최우선 정책 과제로 삼고 있지만 아직 가시적 효과를 체감하기 어렵습니다. 인력난에 시달리는 중소기업은 외국인 노동자들이 잠식하고 있는 데 비해 대졸자들의 기대 수준에 부합하는 취업 시장은 좁은 문입니다.

독일과 타이완처럼 경쟁력 있는 중소기업들이 고용 시장을 선도해야 합니다. 그러기 위해서는 중소기업과 대기업 간 임금 격차가 줄어야 하나 간단하지 않습니다. 중소기업의 경쟁력이 강화되고 대기업과 상생해야 합니다. 마이스터 고등학교를 졸업하고 중소기업에 취업하면 한 가족의 생계를 책임질 수 있는 독일이 부럽습니다. 정부는 과감한 규제 완화와 해외 투자 유치를 통해 질 좋은 일자리 창출에 힘써야 합니다. 구글, 아마존, 알리바바 등이 창업을 통해 세계적 기업으로 성장했듯이 4차 산업 혁명을 이끌 창업에 청년들이 적극 뛰어들어 도전해야 합니다. 국가는 창업을 지원하되 실패해도 재기할 수 있는 환경을 만들어야 합니다.

실패는 성공 확률을 높이는 과정입니다. 봄기운이 언 땅을 녹이듯 취업 준비생들에게도 곧 온기가 함께 하길 응원합니다.

동아일보, 2018.02.21.

소크라테스
질문하기

Q1 세대 간 소통이 어려운 이유는 무엇인가?

Q2 소위 '쇼윈도 취준생'이 생기는 이유가 무엇인가?

Q3 대기업과 중소기업의 상생이 왜 어려운가?

Q4 실패가 성공 확률을 높일 수 있는가?

소크라테스
토론하기

대학이 취업 준비 기관이면 안 되는가?

06

리카도와 비교 우위

15~18세기 자본주의 초기에 유럽 국가들 사이에
서 중상주의가 유행했습니다. 중상주의는 자기 나라의 부를 증대
시키기 위해 수출을 늘리고 수입은 억제하는 무역 정책입니다. 그
중상주의를 통렬히 비판하며 자유 무역의 필요성을 주장한 학자들
이 있었습니다. 무역 이론의 창시자로 여겨지는 영국의 고전파 경
제학자 데이비드 리카도(1772~1823)가 대표적입니다.

만약 리카도가 살아 있다면 관세 장벽을 세워 보호 무역주의로
회귀하려는 현재 상황에 대해 어떤 훈수를 둘까요. 그는 『정치경제
학 및 과세의 원칙 연구』(1817)라는 책에서 자유 무역의 필요성을
실증적으로 제시합니다.

리카도는 노동 가치설에 입각하여 투입되는 노동량이 생산력을
결정하는 가장 중요한 요인이라고 봅니다. 생산비는 곧 그 상품에
투입되는 노동 비용이라는 겁니다. 예를 들어 직물 1단위 생산에

영국은 100, 포르투갈은 90의 생산비(노동량)가 들고 포도주 1단위 생산에 영국은 120, 포르투갈은 80의 생산비가 든다고 가정합시다. 포르투갈은 영국에 비해 직물과 포도주 모두 저렴한 비용으로 생산할 수 있습니다. 즉 포르투갈은 생산 기술이나 자연 조건 등의 차이로 직물과 포도주 모두 절대 우위를 갖고 있습니다. 과연 이 경우에도 교역을 하는 것이 유리할까요?

리카도에 따르면 두 나라 모두 교역을 하는 것이 그렇지 않을 때보다 이득입니다. 그 원리는 이렇습니다. 직물에 대해서는 90(포르투갈) 대 100(영국), 포도주에 대해서는 80(포르투갈) 대 120(영국)이니까 포르투갈은 포도주를 상대적으로 더 저렴하게 생산할 수 있습니다. 교역을 하지 않을 때 포르투갈은 직물과 포도주 각 1단위씩을 생산하는 데 170의 생산비가 들지만, 포도주에 특화하여 2단위를 생산한 다음 1단위를 영국의 직물과 바꾸면 160의 생산비로 동일한 결과를 얻게 됩니다. 그러므로 포르투갈은 교역을 통해 노동 10만큼 이득이 생깁니다. 이 노동 10을 특화된 포도주에 투입하면 교역을 하지 않을 때보다 8분의 1만큼의 포도주를 더 얻게 되는 것입니다. 영국 역시 교역을 하지 않을 경우 직물과 포도주 각 1단위씩 생산하는 데 220의 생산비가 들지만, 직물에 특화하여 교역을 하게 되면 200의 생산비로 동일한 결과를 얻게 되므로 노동 20만큼의 이득이 생겨 10분의 1만큼의 직물을 추가로 생산할 수 있게 됩니다.

리카도에 따르면 포르투갈은 포도주에, 영국은 직물에 비교 우위가 있다고 설명합니다. 한 국가가 상대적으로 더 적은 기회비용(어떤 것을 선택함으로써 포기한 것들 가운데 가장 가치가 큰 것)으로 상품을 생산할 수 있을 때, 이 상품에 대해 비교 우위가 있다고 말합니다. 이 경우 비교 우위가 있는 상품을 특화해 수출하고 비교 열위 상품을 수입하는 방식으로 교역이 이루어지게 됩니다. 즉 한 국가가 다른 국가에 비해 특정 상품에서 절대 우위를 갖고 있다고 하더라도 자유 무역을 하는 것이 서로에게 이득이 된다는 것이 비교 우위론의 핵심입니다.

무역 전쟁으로 교역량이 줄면 세계 경제 전체에 악영향을 끼칩니다. 과연 승자 없는 싸움을 위해 어느 나라가 방아쇠를 당길까요? 아니면 적당한 선에서 타협을 할까요? 관세 장벽을 세워 무역을 억제하는 행태를 일갈하는 리카도의 목소리가 들리는 듯합니다.

동아일보, 2018.04.11.

소크라테스
질문하기

Q1 어떤 나라가 두 상품 모두에 절대 우위*가 있는 경우도 교역을 하는 것이 유리한가?

절대 우위 어떤 개인, 기업이나 국가가 동일한 상품을 생산하는 데 있어 상대방보다 낮은 생산비로 생산할 수 있는 능력을 말한다. 즉, 동일한 양의 생산물을 생산할 때 생산 요소의 투입량이 적은 것 또는 동일한 양의 생산 요소를 투입하여 더 많은 생산물을 만들어 내는 것을 의미한다.

Q2 교역을 확대하는 것은 언제나 옳은 일인가?

Q3 만약 리카도가 미국의 도널드 트럼프 대통령을 만난다면 어떤 조언을 하겠는가?

소크라테스
토론하기

미국과 중국 간에 보복과 반격이 되풀이되면서 무역 전쟁이 장기화되고 있다. 과연 정의로운 전쟁은 존재하는가?

07

'초우량 기업' LG그룹을 일군 구본무 회장

구본무 LG그룹 회장이 2018년 5월 20일 가족들이 지켜보는 가운데 향년 73세로 별세했습니다. 구 회장은 그룹 창업자인 구인회 전 회장의 장손으로, 1995년 회장에 취임한 뒤 23년 만에 30조 원 규모의 그룹 매출을 160조 원 규모로 늘리며 글로벌 기업으로 성장시켰습니다.

고인은 회장 취임 당시 '초우량 기업'을 만들겠다는 포부를 내세웁니다. 그 목표를 위해 고객 우선주의, 선제적 연구 개발 투자, 창의와 혁신을 위한 인재 경영을 실천했습니다. 그 성과로 LG그룹은 가전제품, 디스플레이, 2차 전지 등의 분야에서 세계 최고가 됐습니다.

이낙연 국무총리는 '도덕 경영을 실천하시고, 누구에게나 겸손 소탈하셨던 큰어른'이라며 고인의 명복을 빌었습니다. 장례는 '나 때문에 번거로운 사람이 없어야 한다.'는 평소 고인의 뜻에 따라

비공개 가족장으로 진행했습니다. 조문과 조화를 사양했지만 그의 죽음을 애도하는 추모의 발길을 막지는 못했습니다.

요즘 보통 사람들의 혼례와 장례에 도를 넘는 허례가 많습니다. 호텔에서 요란하게 혼례를 치르는가 하면, 장례식장 입구에 조화가 장사진을 이루는 등 허세를 부립니다. 이런 세태를 보면서 구 회장의 죽음은 우리를 되돌아보게 합니다. 상류층의 절제와 검소함은 거친 세상에서 더욱 미덕으로 다가옵니다.

구 회장은 'LG 의인상'을 만들어 국가와 사회 정의를 위해 희생한 평범한 사람들의 뜻을 기리는 등 사회 공헌의 모범을 보였습니다. 구인회 그룹 창업자가 임시 정부의 독립운동 자금을 지원한 내력은 널리 알려진 일입니다. 유한양행의 창업주 유일한 박사, 오뚜기그룹의 함영준 회장, 정주영 현대그룹 창업주, 노벨, 록펠러, 카네기 등 사회 공헌을 실천한 기업인이 적지 않습니다.

반면 소비자들은 옥시의 가습기 살균제 사건, 폭스바겐의 배출가스 조작 사건, 대한항공의 갑질 사태 등을 지켜봤습니다. 불량 제품 공급, 오염 물질 배출, 비정규직 차별, 일감 몰아주기, 시장 지배적 지위 남용 등 기업들의 일탈도 적지 않습니다. 그렇기에 '정도 경영'과 '고객을 위한 가치 창조', '인간 존중 경영'을 강조했던 고인의 경영 철학은 더욱 빛이 납니다. "기업은 국민과 사회로부터 인정과 신뢰를 얻지 못하면 영속할 수 없습니다." 그의 2017년 신년사가 귓전을 울립니다.

최근 사회적 기업이 늘고 있습니다. 사회적 기업은 취약 계층에 일자리 제공, 지역 사회 발전 및 공익 증진 등 사회적 목적을 우선적으로 추구하면서 이윤을 위한 영업 활동을 수행하는 기업을 말합니다. 장애인에게 일자리를 마련해 준 레드스톤시스템, 일본군 위안부 할머니들을 돕는 마리몬드 등은 사회적 기업으로 매우 유명합니다. 윤리 경영과 사회 공헌에 앞장서는 기업들의 사례를 보면 이윤 추구를 위해 수단과 방법을 가리지 않는 약탈적 기업의 행태와는 결이 다릅니다.

오늘날 공정 무역 상품이나 친환경 제품 등을 의식적으로 소비하는 '똑똑한' 소비자들이 점점 늘고 있습니다. 환경과 노동, 인권 등 여러 분야에서 긍정적인 변화를 기대하며 조금 더 비싸더라도 윤리적 가치를 중시하는 소비 행태입니다. 윤리 경영과 윤리적 소비가 만난다면 상생과 협력의 선한 시장 경제가 가능하지 않을까요? 한 재벌 총수의 죽음 앞에서 우리는 미래를 내다보는 성찰을 하게 됩니다. 🖋동아일보, 2018.05.23.

소크라테스 질문하기

Q1 사회적 기업의 존재 이유는 무엇인가?

Q2 왜 소비자는 비싼 가격을 지불하더라도 윤리적 소비를 하는가?

Q3 혼례와 장례에서 허례*가 많은 이유가 무엇인가?

허례(虛禮) 정성이 없이 겉으로만 번드르르하게 꾸미는 것을 의미한다.

소크라테스 토론하기

기업의 사회 공헌과 윤리 경영은 의무인가?

08

다윗과 골리앗

겉으로 보기에 상대가 되지 않을 것 같은 사람들
이 맞설 때 흔히 '다윗과 골리앗'의 싸움에 비유합니다. 그래서 우
리는 보통 약자가 강자를 꺾을 때 다윗이 골리앗을 이겼다고 말합
니다.

다윗은 이스라엘의 양치기 소년이었습니다. 어느 날 블레셋 군
대가 쳐들어왔는데 그곳에는 골리앗이라는 거인이 있었습니다. 골
리앗은 일대일로 싸워 이긴 상대가 진 쪽을 종으로 삼자고 제안합
니다. 이스라엘 군대는 장대한 키에 청동 투구와 비늘 갑옷으로 무
장하고 무거운 창을 들고 있는 골리앗을 당해내지 못했습니다. 이
소식을 들은 다윗은 사울 왕에게 "제가 나가 싸우겠습니다. 허락해
주십시오."라고 간청합니다. 왕은 다윗이 너무 어리다는 사실에 망
설이다가 결국 허락합니다.

다윗은 앳되고 왜소한 데 비해 골리앗은 기골이 장대하고 무장한 장수입니다. 하지만 골리앗을 마주한 다윗은 당황하지 않고 차돌을 무릿매(끈에 돌을 넣어 돌림으로써 얻어지는 원심력으로 탄환을 멀리 날려 보내는 무기)에 매달아 골리앗을 향해 쏘았습니다. 이마에 정통으로 돌을 맞은 골리앗은 그대로 땅바닥에 쓰러졌고 다윗은 곧장 골리앗의 칼집에서 칼을 뽑아 그의 목을 베었습니다. 훗날 다윗은 이스라엘의 제2대 왕이 되어 예루살렘을 도읍으로 정하고 전성기를 이룹니다. 오늘날까지 많은 사람 사이에 회자되는 구약 성서 속 이야기입니다. 다윗과 골리앗 이야기는 '게임은 붙어 봐야 안다.', '작다고 약한 것은 아니다.'라는 의미를 함축합니다.

2018 러시아 월드컵에서 한국 축구 국가대표팀이 전차 군단으로 불리는 세계 최강 독일을 꺾었습니다. 한국이 독일을 이길 확률은 1%도 안 되었습니다. 축구 전문가들은 물론이고 도박사들도 어리둥절하게 만든 이변입니다. 그동안 월드컵에서 한국이 독일을 이긴 적이 한 번도 없었기 때문에 많은 사람들이 독일의 낙승을 예상한 것은 당연했습니다. 다윗이 골리앗을 이긴 것과 같은 충격적인 일이 벌어진 겁니다. 영국 언론 데일리메일은 역대 월드컵 중 2014 브라질 월드컵 4강전에서 독일이 브라질을 7 대 1로 이긴 경기 다음으로 이번 한국과 독일전을 가장 충격적인 경기로 꼽았습니다.

인구 34만 명에 불과한 소국 아이슬란드가 리오넬 메시를 보유한 아르헨티나와 맞붙어 무승부를 얻어내고 크로아티아와 접전을 벌인 것도 다윗의 아름다운 도전이라 할 만합니다. 국제축구연맹 (FIFA) 랭킹 70위에 불과한 러시아가 10위의 강호 스페인을 꺾고 8강에 합류한 것 역시 다윗의 기적입니다.

우리 주변에는 다윗과 골리앗의 싸움이 많습니다. 중소기업과 대기업, 동네 구멍가게와 대형 마트의 경쟁도 다윗과 골리앗의 대결만큼이나 힘겨워 보입니다. 2018년 6월 29일은 6월 민주 항쟁을 통해 국민들이 요구한 민주화와 대통령 직선제 개헌 요구를 받아 들였던 '6·29 선언' 31주년이었습니다. 6월 29일은 작은 다윗들이 힘을 합쳐 거대한 골리앗을 넘어뜨린 날입니다.

강한 자가 이기는 것이 아니라 이기는 자가 강한 것이라는 말이 있듯이 다윗은 애초에 약한 자가 아니었을지 모릅니다. 다윗의 진짜 무기는 할 수 있다는 신념과 도전 정신 아닐까요. 접근전이 불리하다는 것을 알고 돌과 무릿매를 준비한 것은 다윗의 지혜이자 전략입니다. 지레 겁먹고 유효 슈팅 하나 못 날린 한국과 스웨덴의 경기에 박수를 보내기는 어렵겠지요. 우리 사회의 수많은 다윗들이여, 움츠리지 말고 용기 내어 도전하기를 응원합니다.

동아일보, 2018.07.04.

소크라테스
질문하기

Q1 다윗이 골리앗을 이길 수 있는 이유가 무엇인가?

Q2 약자의 승리는 아름다운 것인가?

Q3 '강한 자가 이기는 것이 아니라 이기는 자가 강한 것이다.'라는 말의 의미가 무엇인가?

Q4 확률적 지식은 우리를 진리*에 이르게 하는가?

진리(眞理) 참된 이치 또는 참된 도리를 뜻하는 말로, 언제 어디서나 누구든지 승인할 수 있는 보편적인 법칙이나 사실을 의미한다.

소크라테스
토론하기

동네 구멍가게와 대형 마트의 상생은 가능한가?

09

"인간의 선택은 합리적이지 않다"

— 대니얼 카너먼의 '프로스펙트 이론'

대부분의 중고등학교가 지난주 여름방학에 들어 갔습니다. 방학을 맞이하는 학생들은 홀가분하고 즐거워야겠지만 우리 현실은 그렇지 않은 것 같습니다. 받아 든 학기말 성적에 속상 해 하는 학생이 많습니다. 학생들이 실제 느끼는 성적에 대한 압박 감은 무척 심한 것 같습니다.

최근 서울, 부산, 광주 등 여기저기서 시험 문제 유출 사건이 터 졌습니다. 내신 경쟁 과열이 부른 일탈입니다. 치열한 내신 경쟁은 학생부 위주의 전형 비율이 높아진 대학 입시와 상관이 있습니다. 수능으로 갈 수 있는 정시의 문은 좁고 수시 학생부종합전형의 비 중이 높다 보니 내신 성적에 사활을 걸다시피 합니다.

현장에 있다 보니 성적을 둘러싸고 벌어지는 흥미로운 일을 많이 봅니다. 어떤 학생은 80점을 받고 좋아하지만 어떤 학생은 90점을 받고도 속상해 합니다. 남부러울 것 없어 보이는 성적과 실력을 가진 학생도 자신의 성적에 불만입니다.

대니얼 카너먼(1934~)의 이야기에 귀를 기울여 봅니다. 원래 심리학자였던 카너먼은 에이머스 트버스키(1937~1996)와 함께 2002년 노벨 경제학상을 수상하며 유명해졌습니다. 카너먼과 트버스키는 인간의 합리성을 전제하는 주류 경제학의 기대효용이론을 넘어 행동 경제학을 창시한 인물입니다. 그들은 프로스펙트 이론을 통해 인간은 반드시 합리적이지 않으며 감정을 가진 '휴먼'으로 바라봐야 한다고 주장합니다. 카너먼은 의사 결정의 세 가지 행태로 준거 의존성, 민감도 체감성, 손실 회피성을 제시합니다.

준거 의존성이란 의사 결정이 효용의 절대적 크기보다 준거점으로부터의 변화에 근거하여 이루어진다는 것입니다. 수학 성적 90점인 A는 불만인 반면, 80점인 B는 만족하는 이유는 준거점이 다르기 때문입니다. 즉 95점에서 90점으로 떨어진 A의 준거점은 95점이고, 75점에서 80점으로 오른 B의 준거점은 75점입니다. 그러니 준거점이 어디냐에 따라 희비가 엇갈리는 겁니다.

민감도 체감성이란 이익이나 손실의 변화 폭이 작을 때는 민감하게 반응하지만, 이익이나 손실의 변화 폭이 커질 경우 가치의 민감도가 감소한다는 겁니다. 예컨대 50점에서 55점으로 상승한 학생이 90점에서 97점으로 상승한 학생보다 더 많이 상승했다고 느낀다는 것이죠.

손실 회피 성향에 따르면 90점에서 95점으로 상승한 학생이 느끼는 만족감보다는 90점에서 85점으로 하락한 학생이 느끼는 고통의 크기가 더 큽니다. 카너먼의 측정에 따르면 크기가 같은 이익과 손실 중에서 손실이 약 2~2.5배 크게 느껴진다고 합니다. 1만 원을 주웠을 때의 만족감보다는 1만 원을 잃어버렸을 때 고통의 크기가 더욱 큰 것과 같은 이치입니다.

우리 인간의 선택은 반드시 합리적이지 않습니다. 각자 처한 상황과 맥락에 따라 주관적으로 느끼는 감정이 다를 수밖에 없습니다. 남들과 비교할수록 불행하다고 느껴지는 경우가 많습니다. 경쟁하고 비교하기보다는 그저 자신의 과거보다 현재가 나아졌고 더 나아질 미래를 믿고 스스로 행복감을 느끼면 좋겠습니다. 제도를 만드는 사람들도 고충이 있겠지만, 특정 제도 아래서 매번 의사 결정을 해야 하는 학생들의 압박감을 덜어 주고 그들의 행복을 더 크게 할 수 있는 현명한 방안이 나오기를 기대합니다.

동아일보, 2018.07.25.

소크라테스
질문하기

Q1 시험 부정은 개인의 문제인가, 사회 구조의 문제인가?

Q2 성적이 좋은 학생보다 그렇지 않은 학생의 불만이 더 큰가?

Q3 일상생활에서 민감도 체감성을 경험한 사례를 들어보라.

Q4 인간은 다른 사람과의 비교를 통해 행복해질 수 있는가?

소크라테스
토론하기

주관적 감정은 이성보다 믿을 수 없는가?

10

'에린 브로코비치'와 BMW

　　법률 회사 말단 직원인 에린 브로코비치는 어느 날 서류를 정리하다가 우연히 발견한 의료 기록에 의문을 갖고 끈질기게 추적합니다. 그 지역에서 전력 사업을 하는 대기업 PG&E사의 공장이 크롬 성분이 포함된 오염 물질을 대량 방출해 수질 오염 등으로 주민들이 질병에 신음하고 있음을 알게 됩니다. 브로코비치는 진실에 대한 집념으로 사람들을 설득해 갔고, 결국 마을 사람들의 동의를 받아 소송을 진행합니다. 4년여의 시간이 지난 뒤 수질 오염의 원인을 제공한 PG&E사에 미국 법정 사상 최고 배상액인 3억 3,300만 달러(약 3,700억 원)를 지불하라는 판결이 내려집니다. 실제 손해보다 훨씬 큰 징벌적 배상금입니다.

　　실화를 바탕으로 한 영화 '에린 브로코비치'(2000)의 내용입니다. 원래 손해 배상에 관한 민법 원칙은 가해자가 고의 또는 과실로 타인에게 손해를 가했을 때 손해에 해당하는 금액만을 금전으로 배상합니다. 그러나 가해자가 문제를 알면서도 '고의로' 손해를 가한 경우 단순 실수와는 달리 취급해야 한다는 문제의식이 있어 왔습니다. 그것이 바로 징벌적 손해 배상 제도입니다. 선진국들은 진작 도입했지만 우리나라는 아직 걸음마 단계입니다.

최근 자동차 화재 사고가 연일 뉴스를 장식하고 있습니다. 올해 들어 주행 중 불이 난 BMW 차량은 40대에 육박합니다. BMW 소유자들은 자신들의 차가 여기저기서 기피 대상이 돼 주차마저 거부당하자 비싼 돈 주고 BMW를 샀더니 Bus(버스), Metro(전철), Work(걷기) 등 대중교통만 이용하게 됐다고 푸념합니다. BMW 측은 사고가 반복되는 동안 아무런 조치를 취하지 않고 버티다가 정부가 조사에 착수하자 뒤늦게 결함을 인정하고 10만 대 리콜을 결정했습니다. 조사 과정에서 정부의 기술자료 요구에 응하지 않고 리콜 계획서를 부실하게 작성하는 등 소극적인 태도로 일관했습니다.

2013년 일본 도요타는 자동차 가속 장치 결함으로 사고가 나자 리콜과 소송 합의금, 배상금 등으로 총 40억 달러(약 4조 7,000억 원)에 이르는 금액을 지급했습니다. 이번 BMW 화재와 유사한 사고가 발생한 미국이나 독일에서는 BMW가 선제적으로 130만 대 리콜을 실시했습니다. 징벌적 손해 배상제와 집단 소송제가 있느냐에 따라 제조업체의 대응이 확연히 다릅니다.

집단 소송제는 피해를 입은 개인 또는 일부가 가해자를 상대로 소송을 하면 다른 피해자들도 별도의 소송 절차 없이 그 판결로 피해를 구제받을 수 있는 제도입니다. 우리나라는 2005년부터 주가 조작, 분식 회계 등 증권 분야에만 제한적으로 집단 소송제를 도입하고 있습니다. 하지만 요건이 매우 까다로운 편이라 선진국처럼 적용 분야를 폭넓게 확대해야 한다는 목소리가 높습니다.

우리나라에서 징벌적 손해 배상제는 제조물책임법에 따라 제한적으로 적용됩니다. 하지만 배상액이 손해액의 3배에 불과해 실효성이 낮습니다. 더욱이 제조물 결함으로 '생명 또는 신체에 중대한 손해를 입은 경우'에만 해당돼 이번 BMW 사건에 적용하기 어렵다고 합니다.

선진적 시장 질서를 구축하려면 기업의 반사회적이고 고의적인 가해 행위를 근절하고 소비자 권익을 철저히 보호하는 것이 중요합니다. 징벌적 손해 배상제와 집단 소송제의 실질적 확대 여론이 커지고 있습니다. 🖋동아일보, 2018.08.15.

소크라테스 질문하기

Q1 고의*와 과실*은 왜 다르게 평가해야 하는가?

고의(故意) 일부러 하는 생각이나 태도. 법률적으로는 자기의 행위에 의해 일정한 결과가 생길 것을 인식하면서 그 행위를 하는 경우의 심리 상태를 의미한다.
과실(過失) 부주의나 태만 따위에서 비롯된 잘못이나 허물. 법률적으로는 부주의로 인해 어떤 결과의 발생을 미리 내다보지 못한 것을 의미한다.

Q2 징벌적 손해 배상 제도와 집단 소송제는 소비자의 권익을 보호할 수 있는가?

Q3 리콜*은 항상 제조회사에게 불리한 조치인가?

리콜(recall) 제품 결함으로 인해 소비자가 생명, 신체상의 위해를 입거나 입을 우려가 있을 경우 제품의 제조자(수입자), 유통업자 등이 스스로 또는 정부에 의하여 결함 제품의 위해성을 소비자에게 알리고 결함 제품 전체를 대상으로 적절한 시정 조치(수리, 교환, 환불 등)를 취하는 소비자 보호 제도이다.

Q4 처벌 강화는 문제 해결의 방법이 될 수 있는가?

소크라테스 토론하기

기술의 발전은 인간을 왜소하게 만드는가?

11

밀턴 프리드먼과 샤워실의
바보 이야기

한 바보가 샤워실에 들어갔습니다. 수도꼭지를 틀었더니 샤워기에서 차가운 물이 쏟아져 나왔습니다. 놀란 바보는 기다리지 못하고 뜨거운 물 쪽으로 수도꼭지를 급히 틀었습니다. 갑자기 뜨거운 물이 나오자 다시 차가운 물 쪽으로 수도꼭지를 돌렸습니다. 이번에는 아주 차가운 물이 쏟아져 나오자 바보는 결국 샤워실에서 뛰쳐나오고 맙니다.

미국 시카고대 교수이자 1976년 노벨 경제학상 수상자인 밀턴 프리드먼(1912~2006)이 정부의 과도한 시장 개입을 비판하며 한 비유입니다. 정책의 효과가 나타나기까지 시간이 필요한데, 정부가 그 시차를 기다리지 못하고 성급하게 대응하면 각종 부작용이 나타난다는 이야기입니다.

프리드먼에 따르면 정부의 섣부른 경제 정책이 경기 변동 폭을 오히려 크게 만들 수 있다고 합니다. 경기의 고점과 저점을 판단하는 게 쉽지 않고, 설령 판단이 정확해도 정부 정책이 효과를 내기까지는 오랜 시일이 필요해 적절한 시기를 놓치기 쉽다는 것입니다.

그는 불경기를 타개하기 위해 정부 지출로 총수요를 조절해 경기를 부양해야 한다는 케인스(1883~1946)의 주장에 대해 정치적으로는 효과가 있을지 모르지만 자원 배분의 효율성을 떨어뜨려 장기적으로는 부작용을 발생시킨다고 비판합니다.

최근 정부 정책을 두고 샤워실의 바보처럼 너무 근시안적이고 성급한 것이 아닌가 하는 비판의 목소리가 커지고 있습니다. 부동산 정책만 해도 그렇습니다. 수요와 공급의 원칙에 따라 정책의 균형을 맞춰야 할 텐데, 공급은 줄게 하고 수요를 억제하는 정책을 연달아 내놓으니 수도권을 중심으로 물량 부족이 심해졌고 주택 가격이 급등하는 현상이 나타나고 있습니다.

이에 지역별, 계층별로 자산 양극화가 심해지는 부작용이 나타났습니다. 국토교통부 장관은 주택 임대 사업자들에게 주던 혜택을 줄이는 방안을 검토하겠다고 발표했습니다. 공급도 늘리겠다고 했습니다. 정부의 뒤늦은 수습책들이 향후 금리 인상기와 맞물려 또 어떤 결과를 만들어낼지 지켜볼 일입니다.

경기 부양을 위해서는 규제를 과감히 없애고 기업의 투자 여건을 조성하여 일자리를 창출하는 것이 순리인데, 정부는 비교적 빠른 효과에 매달려 재정 투입으로 일자리를 늘리는 성급함을 보이고 있습니다.

양극화를 해소하기 위해 최저 임금을 급하게 인상하다 보니 여러 가지 부작용이 드러나고 있습니다. 영세소상인들이 살기 더 어려워졌다고 아우성이고, 아르바이트 일자리 구하기는 더 어려워졌으며, 비정규직 대량 해고 사태가 벌어지고 있습니다. 정부의 시장 개입이 어디로 향해야 하는지 난관에 봉착해 있는 듯합니다.

참여정부 시절인 2004년경 음식점 자영업자들이 "장사 못하겠다."며 한강 둔치에 솥 수백 개를 던지는 '솥뚜껑 시위'를 한 적이 있습니다. 당시 깜짝 놀란 정부는 좌측 깜빡이를 켜고 우회전하듯 정책을 선회했지만 의미 있는 효과를 내기 어려웠습니다. 소득 주도 성장이 여론의 매를 맞으니 혁신 성장과 기업 투자에 매달리는 등 수도꼭지를 이리저리 돌리고 있습니다.

뭐든지 급하면 탈이 생깁니다. 시장의 모든 것을 정부가 조절하거나 매만질 수 있다는 생각이 얼마나 어리석은 일인지 수많은 '샤워실의 바보'가 입증하고 있습니다. 효율적 자원 배분과 시장 기능의 정상화를 위한다면 과거 정부를 반면교사로 삼아야 합니다.

동아일보, 2018.09.05.

소크라테스 질문하기

Q1 정부의 시장 개입은 시장의 효율성을 저해하는가?

Q2 비정규직 대량 해고는 최저 임금* 인상 때문인가?

최저 임금 근로자가 인간다운 생활을 하는 데 필요한 최소한의 임금으로, 국가가 임금의 최저 기준을 정하여 사용자에게 그 지급을 강제하는 임금을 의미한다.

Q3 최저 임금 인상은 양극화*를 해결할 수 있는가?

양극화(兩極化) 사회적 또는 경제적으로 서로 다른 계층 및 집단이 점차 달라지고 멀어지는 현상을 말한다.

소크라테스 토론하기

정부는 시장의 문제를 해결할 수 있는가?

12

진퇴양난에 빠진
메이 영국 총리

영국이 브렉시트(Brexit) 늪에 빠져 허우적대고
있습니다. 브렉시트는 영국(Britain)과 탈퇴(Exit)의 합성어로, 영
국의 유럽 연합(EU) 탈퇴를 뜻합니다. 브렉시트 방식을 놓고 진행
된 영국-EU 간 협상안이 2019년 1월 15일 영국 하원에서 부결됐
습니다. 야당인 노동당은 즉각 내각 불신임 절차에 돌입했습니다.
306 대 325, 불과 19표 차로 불신임안이 부결되면서 테리사 메이
의 집권 보수당은 가까스로 정권을 유지하게 됐습니다.

메이 총리는 재협상 등의 '플랜 B'를 말하고 있지만 EU가 영국의
재협상 요구를 받아들일 가능성은 희박합니다. 그리스, 이탈리아 등
회원국의 추가 이탈을 우려하기 때문이지요. 이 경우 영국은 3월
29일부로 아무런 협상 없이 EU를 떠나게 됩니다. 이를 노딜No deal
브렉시트라고 합니다.

전문가들은 노딜 브렉시트가 현실화될 경우 노동, 상품, 자본, 서비스 등의 자유로운 이동이 막히면서 영국 경제가 급격히 무너지고 유럽과 신흥국에 연쇄적으로 피해가 확산되는 것을 우려합니다. 재협상 외에 메이 총리가 선택할 수 있는 카드에는 조기 총선과 국민 투표 실시 등의 방법이 있지만 시간이 촉박해 진퇴양난進退兩難입니다.

영국은 왜 EU를 떠나려고 할까요? 2012년 말경 영국 내에서 연간 15조 원에 달하는 EU 분담금과 이민자 수용 등으로 지나치게 많은 의무를 진다는 불만이 쏟아졌습니다. 이민자에 의한 일자리 불안, 빈부 격차에 대한 불만도 쌓여갔습니다. 특히 저소득층과 대영제국 향수를 지니고 있는 중장년층을 중심으로 브렉시트를 지지했습니다.

당시 집권당 총리였던 데이비드 캐머런은 2015년 총선에서 보수당이 재집권에 성공할 경우 브렉시트를 국민 투표에 부치겠다는 공약을 내걸었습니다. 그는 EU 잔류를 원했지만, 당내 탈퇴파를 잠재우고 극우 정당으로 쏠리던 표심을 되돌리기 위한 속셈이었지요. 2016년 6월 23일 국민 투표 결과, 부결을 확신했던 캐머런 총리의 예상을 깨고 찬성 51.9% 반대 48.1%로 브렉시트가 결정됐습니다. 캐머런 총리가 사퇴하고 소극적 EU 잔류파인 테리사 메이 총리가 총대를 메게 됩니다. 결과적으로 브렉시트는 보수당에게 정치적 부메랑이 되어 돌아왔습니다.

온건파인 메이 총리는 지난해 11월 EU와 브렉시트 합의안을 마련했지만 강경파의 반발에 부딪힙니다. 영국이 EU와 관세 동맹에서 완전 분리되는 것을 원하는 강경파는 합의 내용 중 북아일랜드를 EU 단일 시장에 남긴다는 조항, 그리고 EU를 탈퇴하더라도 일정 분담금을 지불하며 무관세 등의 혜택을 누려야 한다고 주장하는 온건파의 입장에 반대합니다.

메이 총리는 2017년에 실시한 조기 총선을 통해 브렉시트 지지 세력을 확보하고자 했으나 오히려 보수당이 과반 의석을 잃고 맙니다. 현재 영국 의회는 온건파, 강경파, 그리고 EU 잔류를 원하는 반대파로 나뉘어 혼돈 상태에 빠져 있습니다.

브렉시트는 독일과 프랑스 주도로 운영되는 EU 안에서 자신들이 손해를 보고 있다고 느낀 영국인들의 선택입니다. 세계화의 과실이 고루 돌아가지 않고 불평등이 확대된 것에 대한 반작용이 브렉시트의 본질입니다. 미국이 보호 무역주의로 회귀한 것도 같은 맥락입니다.

세계화에 앞장섰던 선진국에서 반세계화의 바람이 불고 있는 것은 아이러니입니다. 브렉시트는 글로벌 경제 체제에서 저소득층 노동자 보호에 실패한 각국 정부 앞에 장차 세계화를 어떻게 관리할 것인지를 엄중히 묻고 있습니다. 동아일보, 2019.01.23.

소크라테스
질문하기

Q1 영국에서 세대별로 브렉시트에 대한 입장이 다른 이유가 무엇인가?

Q2 노딜 브렉시트*가 영국에 부정적 영향을 끼칠 것으로 보는 이유가 무엇인가?

노딜 브렉시트(No Deal Brexit) 영국이 EU와 아무런 합의를 도출하지 못한 채 EU를 탈퇴하는 것을 말한다. 노딜 브렉시트가 단행되면 영국과 EU가 합의한 전환(이행) 기간이 적용되지 않으므로 3월 29일 그 즉시 EU 회원국으로서 누렸던 모든 혜택이 사라진다.

Q3 세계화는 필연적으로 불평등을 확대시키는가?

소크라테스
토론하기

개인 또는 국가 간 협력은 경쟁보다 우월한 가치인가?

3장

정의

알프레드 노벨의 유산

10월은 노벨상의 계절이라 할 만합니다. 올해도 어김없이 추석 황금연휴를 지내는 동안 스웨덴 스톡홀름에서 노벨상 소식이 들려왔습니다. 9일 경제학상 수상자 발표를 끝으로 2017년 노벨 생리의학상, 물리학상, 화학상, 평화상, 문학상 등 수상자들이 모두 확정됐습니다. 노벨상을 통해 인류의 진보와 평화에 기여한 업적이 또다시 축적된다는 점에서 희망을 봅니다.

우리나라는 이번에도 한 명의 수상자도 배출하지 못했지만 비관할 필요는 없습니다. 작년에는 작가 한강이 소설 『채식주의자』로 주요 문학상인 '맨부커상'을 수상하였으며 우리 문학 작품이 세계의 언어로 번역되어 빠르게 퍼져나가는 등의 진전이 있습니다. 권위 있는 과학 잡지에 우리 과학자들의 논문이 지속해서 오르고 있으며, 논문 피인용지수 면에서 세계적 수준에 올라있는 학자들이 꽤 있습니다.

우리 교육계도 빠르게 변화하고 있습니다. "지식보다 중요한 것은 상상력이다."라고 말한 아인슈타인(1921년 노벨 물리학상 수상)은 우리 교육의 지향점을 예견한 것 같습니다. 변화하는 사회는 지식을 단순히 전달하고 습득하는 수동적 학습에서 벗어나 스스로 탐구하고 질문하며 지적 호기심을 충족하는 새로운 공부를 요청하고 있습니다. 7차 교육과정 이후 상상력을 자극하고 질문을 두려워하지 않는 교육이 현장에 빠르게 확산되고 있습니다. 학생부종합전형은 이러한 잠재성 높은 인재를 선발하는 데 목적이 있습니다.

노벨상 수상자들을 보면 공동 연구자가 눈에 띄게 많음을 느낍니다. 과학부문 수상자 모두 삼총사입니다. 노벨 물리학상, 화학상, 생리의학상 모두 3명의 연구자가 공동 수상했습니다. 학문 간 경계를 넘어 융합적 연구를 통해 성과를 내는 경향을 보여주는 것 같습니다. 우리나라도 얼마 전부터 문·이과 구분을 없애고 학문의 융합을 지향하는 움직임이 활발합니다. 중고교에서도 팀 프로젝트가 일반화했습니다. 함께하는 연구와 팀워크, 그리고 의사소통 역량이 중요시되고 있습니다.

1901년부터 시작돼 권위와 전통에서 타의 추종을 불허하는 상을 만든 알프레드 노벨이 오늘날 우리에게 주는 진정한 유산은 무엇일까요. 스톡홀름에서 태어나 러시아, 프랑스, 미국 등지에서 기초 공학과 화학을 공부한 노벨은 니트로글리세린을 이용하여

1867년 다이너마이트를 발명하였습니다. 다이너마이트로 막대한 재산을 모은 노벨은 아이러니하게도 '죽음' 앞에서 노벨상을 만들게 됩니다. 1888년 프랑스의 어느 신문 보도를 보고 노벨은 충격을 받습니다. 제목은 '다이너마이트로 부자가 된 죽음의 상인 알프레드 노벨 사망하다.', 사실 그의 형제 루트비히 노벨의 사망을 알프레드 노벨이 죽은 것으로 잘못 알고 보도한 신문사의 실수였지만, 알프레드 노벨은 큰 깨달음을 얻습니다.

진짜 죽으면 세상이 자신을 어떻게 평가할지 확인하게 된 노벨은 삶을 되돌아보고 과학자로서의 중요한 가치 판단을 하게 됩니다. 그리하여 재단을 만들고 인류의 복지 증진에 기여한 개인이나 단체를 위해 상을 제정한 것입니다.

죽음을 돌아보는 과정에서 만들어진 노벨상은 '성찰의 상'인 동시에 '인류애의 상'입니다. 오늘의 우리에게 노벨이 남긴 진정한 유산은 그의 재산이나 상 자체보다는 인간의 품격과 도덕적 의무, 그리고 따뜻한 사회에 대한 갈망이 아닐까요. 동아일보, 2017.10.11.

소크라테스
질문하기

Q1 지식보다 상상력이 중요한 이유가 무엇인가?

Q2 융합적 연구는 학문의 발전에 기여하는가?

Q3 실용적이지 않은 학문은 의미가 없는가?

소크라테스
토론하기

과학자는 자신의 연구에서 늘 가치 중립적 태도를 지녀야 하는가?

이국종 교수의 외침

박찬욱 감독의 영화 '공동경비구역 JSA'(2000)의 흥행을 계기로 공동경비구역 JSA · Joint Security Area이 대중에게 널리 알려졌습니다. JSA는 판문점 비무장 지대 안에 있는 특수 지역으로 북측은 북한군이, 남측은 유엔군이 관할합니다. JSA는 지구상에 유일하게 남아 있는 냉전의 현장이며 전쟁과 평화가 공존하는 곳입니다. 영화 속에서 JSA에 근무하는 남한과 북한군 병사들은 이념과 우정의 경계선을 아슬아슬하게 넘나듭니다.

영화가 상영된 지 17년이 흐른 올해 11월 13일 북한군 병사가 JSA 내 군사 분계선을 넘어 귀순했습니다. 북한군 오청성 씨의 자유를 향한 목숨 건 탈주를 세계인이 지켜봤습니다. 뒤쫓아 온 북한 경계병들의 총격으로 오 씨는 치명상을 입습니다. 한 편의 영화라면 스릴이라도 있을 텐데 분단된 우리 땅에서 벌어진 아픈 현실입니다.

복부와 가슴, 어깨 등에 총탄을 맞은 오 씨는 헬기로 긴급 후송되어 두 차례의 대수술 끝에 극적으로 목숨을 건졌습니다. 그 수술을 집도한 의사가 이국종 교수(아주대)입니다. 이국종 교수는 2011년 '아덴만의 여명' 작전(소말리아 해적에게 납치된 삼호주얼리호 구출 작전) 중 6발의 총상을 입은 석해균 선장을 살려내 화제가 된 인물입니다.

분초를 다투는 이 교수의 수술 장면이 CNN 방송을 통해 공개됐습니다. 수술 당시 오 씨는 과다 출혈과 장기 파열로 혈압이 거의 없는 쇼크 직전 상황이었습니다. 이 교수는 긴급 상황이라 컴퓨터 단층 촬영^{CT}을 할 여유도 없이 X레이 영상 하나만 보고 메스를 잡았고 혈액형을 검사할 시간조차 없어 O형 혈액을 긴급 수혈했다고 합니다. 총 1만 2,000cc나 되는 우리 국민의 피가 북한 병사의 몸속에 수혈됐습니다. 이념에 의해 수많은 사람이 희생돼 온 역사를 생각할 때, 이념을 초월해 사람 목숨 하나를 살리기 위한 의료진의 고군분투가 숭고합니다.

경기 남부권역 중증외상센터를 책임지고 있는 이국종 교수. 한 외과 의사가 이토록 국내외의 이목을 끈 적이 있을까 싶습니다. 그의 팀은 중증외상환자 수술에서 독보적인 실력을 보유하고 있습니다. 하지만 안타깝게도 생사를 넘나드는 환자를 살리기 위해 싸우는 동시에, 응급 의료 제도의 모순과 사회적 편견과도 싸우고 있습니다.

수술 상황 브리핑을 둘러싸고 국민의 알 권리와 환자의 인권 사이에서 논란이 일었지만, 의사로서는 견디기 힘든 외적 논란들입니다. 교통사고 환자, 건설 현장에서 사고를 당한 노동자, 총상 환자 등 생사를 넘나드는 중증 환자를 이송하는 헬기 소리를 참지 못하는 이웃 주민의 민원은 의사로서 감당할 수 없는 상황일 겁니다. 중증외상센터를 운영할수록 환자 1명당 250만 원가량의 적자가 누적된다고 합니다. 그러니 병원으로서는 중증외상센터를 기피할 수밖에 없겠지요. 의사의 꽃이 외과 의사라지만 열악한 근무 여건과 건강보험 체계 등 제도적 미비로 인해 중증외상센터에 지원하는 의사와 간호사 인력이 턱없이 부족하다고 합니다. 이번 정기 국회에서 증액된 예산에 '이국종 예산'이라는 이름을 붙인 언론 보도에도 불편한 기색을 보였습니다. 이제라도 중증외상환자를 위한 예산 배분 및 운영이 사회 문제로 드러난 것은 다행입니다. 효율적이고 선진적인 운영 방안이 모색되기를 바랍니다.

동아일보, 2017.12.13.

**소크라테스
질문하기**

Q1 병원의 입장에서는 중증외상센터*를 꺼리는 이유가 무엇인가?

중증외상센터 교통사고, 추락, 총상 등으로 치명적인 외상을 입은 응급 환자를 치료하는 곳이다.

Q2 응급 의료 제도의 모순적 상황을 타개할 방안은 무엇인가?

Q3 의료 불평등은 정의에 반(反)하는가?

Q4 의료 불평등 문제를 해소할 방안은 무엇인가?

**소크라테스
토론하기**

국민의 알 권리를 위해 환자의 인권은 제한될 수 있는가?

03

아이히만과 '악의 평범성'

정유년 닭띠 해가 저물고 있습니다. 마지막 남은 달력에 선명하게 찍혀 있는 '20'이라는 붉은 글씨가 눈에 띕니다. 예정대로라면 오늘이 제19대 대통령 선거일이지만 대통령 탄핵으로 인해 붉은색 법정 공휴일은 사라졌습니다.

교수신문은 올해의 사자성어로 '파사현정破邪顯正'을 선정했습니다. 그릇된 것을 깨뜨려 없애고 바른 것을 드러낸다는 뜻입니다. 엄동설한을 녹여낼 만큼 뜨거운 시민들의 열망이 사회의 썩고 곪은 환부를 도려낼 힘을 주었습니다. 국민이 부여한 권력을 사유화하고 숭고한 민주주의와 헌법적 가치를 훼손한 세력들을 몰아낸 것은 '파사破邪'의 시작입니다. 새로 탄생한 정권의 역사적 사명은 '현정顯正'이겠지요.

국정을 농단한 혐의로 여러 사람이 구속되어 재판받고 있지만,

사과나 반성은 잘 보이지 않습니다. 시키는 대로 했을 뿐이라는 말만 되풀이합니다.

"저는 죄가 없습니다. 명령에 충실히 따랐을 뿐입니다."

유대인 학살을 총지휘했던 홀로코스트 holocaust의 장본인 아돌프 아이히만(1906~1962)이 법정에서 한 말입니다. 독일 나치 친위대 장교였던 아이히만은 제2차 세계 대전 중 독일과 독일이 점령한 유럽 각지의 유대인을 체포해 강제 이주시키고 집단 학살을 주도했던 인물입니다. 그는 독일 패망 후 가족과 함께 아르헨티나로 도망쳐 리카르도 클레멘트라는 가짜 이름으로 자동차 공장 노동자로 살다가 1960년 5월 이스라엘의 비밀 정보원들에게 체포됐습니다. 끝까지 무죄를 주장하는 아이히만에게 역사의 법정은 1961년 12월 15일 사형을 선고합니다. 이듬해에 교수형이 집행돼 아이히만은 세상을 떠났지만, 우리 주변에는 또 다른 아이히만들이 좀비처럼 도사리고 있습니다.

"그에게는 강한 카리스마도, 피에 굶주린 듯한 악령의 모습도, 지독한 편견에 사로잡힌 고집불통의 모습도 없었다." 잡지 『뉴요커』의 취재원 자격으로 재판 과정을 취재했던 한나 아렌트의 말입니다. 아이히만은 명령에 충실히 따른 평범한 공무원이자 동네 아저씨였던 겁니다. 아렌트는 『예루살렘의 아이히만』(1963)이라는 저서를 통해 '악의 평범성 Banality of evil'을 고발했습니다. 홀로코스트와 같은 악행은 미치광이처럼 특별한 자들이 아니라 국가에 순응하며 자신의 행동을 당연시하는 평범한 사람들에 의해 행해진다고 아렌트는 주장합니다.

지난 세월 동안 더욱 커진 차별과 낙인의 블랙리스트, 편법과 특혜의 바벨탑은 어쩌면 우리 안에 도사리고 있는 아이히만들이 쌓아 올린 것일지 모릅니다. 불의를 보고 침묵하거나, 생각 없이 부당한 명령에 순응하거나, 자신의 행위가 어떤 영향을 미치는지를 사유하지 않는 곳에 아이히만은 독버섯처럼 자라나고 있을 겁니다.

동아일보, 2017.12.20.

소크라테스
질문하기

Q1 합법적 국가 명령은 개인의 책임을 자유롭게 하는가?

Q2 공동체는 개인의 자유를 억압하는가?

Q3 국가의 이익과 개인의 이익은 상충하는가?

Q4 악(惡)한 사람도 행복할 수 있는가?

소크라테스
토론하기

불의에 대한 침묵은 비난받아야 하는가?

04

튤립 파동과
비트코인 광풍

풍차와 화훼 산업으로 유명한 네덜란드의 국화는 튤립입니다. 17세기 네덜란드에서는 터키산 튤립이 수입되면서 큰 인기를 끌었습니다. 사재기 현상으로 가격이 폭등하여 튤립 구근(알뿌리) 하나가 집 한 채 가격과 맞먹을 정도였습니다. 그러나 어느 순간 사려는 사람은 없고 팔려는 사람만 넘쳐 거품이 꺼지게 됩니다. 이 '튤립 파동'은 자본주의 최초의 버블(거품 경제) 사례로 회자되고 있습니다.

언젠가부터 '가즈아'라는 신조어가 유행입니다. '가자'라는 말을 길게 늘어뜨려 강조한 말입니다. 비트코인 커뮤니티를 통해 급속히 퍼져나갔다는 설이 유력합니다. 비트코인은 대표적인 가상 화폐(암호 화폐)입니다. 정부의 통제 안에서 유통되는 금속 화폐나 종이 화폐와 달리 인터넷 시대에 새롭게 등장한 가상 화폐는 중앙

통제 없이 네트워크에 참여하는 개인 간에 자유롭게 유통되는 화폐입니다. 비트코인 외에도 이더리움, 리플, 에이다, 라이트코인 등 가상 화폐의 종류는 무척 많습니다. '가즈아'라는 말에는 가격 폭등을 기대하며 무조건 투자를 권유하는 심리가 담겨 있습니다. 튤립과 가상 화폐는 상품 자체가 다르지만, 가격 변동 폭이 크고 투기적 수요가 있으며 거품이 꺼질 경우 경제적 타격이 크다는 면에서 공통점이 있습니다.

경제 규모에 비해 우리나라 가상 화폐 시장은 너무 빠르게 성장했습니다. 국내 거래 비트코인은 전 세계 시장의 20%, 리플은 50%에 달할 정도로 가상 화폐 열풍이 거셉니다. 이미 300만 명 이상이 투자했고 그중 대다수가 20, 30대 젊은층이라고 합니다. 가상 화폐 가격은 급등락을 거듭했습니다. 가파르게 상승할 때는 투자자 게시판에 장밋빛 전망과 함께 수익을 인증하는 훈훈한 이야기들이 넘쳐났습니다. 그러나 급락 장세에서는 스스로 부순 모니터 사진을 올리는 등 분노 인증으로 돌변하기도 했습니다. 수많은 사람이 인생의 승부를 걸듯 투자하는 가상 화폐에 대한 기대와 우려가 공존합니다.

가상 화폐는 화폐라기보다는 가상 투자 자산입니다. 가상 화폐를 공식 인정하고 과세하는 나라도 있고 규제하는 나라도 있습니다. 우리나라는 실명제를 통해 부분 규제하고 있습니다. 가상 화폐는 블록체인Block Chain 기술과 연관되어 있어 전면 규제에 대한 저항이 큽니다. 블록체인은 데이터를 중앙 서버 대신 거래 단위, 즉 노드별로 저장하는 분산 저장 방식입니다. 이렇게 저장된 데이터는 네트워크에 연결된 모든 거래 당사자가 체인처럼 연결되어 공유합니다.

블록체인의 핵심 기능은 이력 관리입니다. 물류 유통, 의료 정보 시스템, 지식 재산권 보호 등의 분야에서 획기적인 기술이며 미래의 성장 동력 중 하나입니다. 블록체인 기술 발전을 저해하지 않으면서 가상 화폐의 투기적 요소를 제어하는 것이 과제입니다.

우리나라에서 급속하게 가상 화폐 열풍이 분 것은 소위 흙수저 담론과 관련됩니다. 노력해도 금수저가 되기 힘들다는 인식이 팽배합니다. 계층 이동 사다리가 붕괴하고 부와 가난이 대물림되면서 상대적 박탈감이 심화됐습니다. 가상 화폐 신드롬은 계층 상승을 꿈꾸는 사람들의 욕망이 반영된 현상입니다. 가상 화폐가 신세계일지 신기루일지 지켜볼 일이지만, 부작용을 줄이기 위한 합리적 방안이 마련되기를 기대합니다. ✒️동아일보, 2018.01.24.

**소크라테스
질문하기**

Q1 투자와 투기는 다른 것인가?

Q2 투기 심리는 인간의 본능인가?

Q3 20~30대의 젊은 세대가 가상 화폐에 많이 빠져든 이유가 무엇인가?

Q4 합법적 행위는 비난할 수 없는가?

**소크라테스
토론하기**

도덕적 행위는 욕망을 거스르는 것인가?

男 테니스 '4강 신화', 정현의 아름다운 도전

　"오늘 저녁 제가 할 수 있는 최선을 다했습니다. 경기를 포기하기 전 많은 생각을 했습니다. 많은 팬들과 훌륭한 선수 앞에서 내가 100%를 보여주지 못하는 건 선수로서 예의가 아닌 것 같아 힘든 결정을 내렸습니다."

　26일 호주 멜버른에서 열린 호주 오픈 테니스 대회 4강전에서 로저 페더러(스위스)에게 기권패한 뒤 정현 선수가 남긴 말입니다.

　상처를 입은 그의 발바닥 사진은 화제가 됐습니다. 두 발 모두 물집이 터지고 깊이 파였습니다. 붉은 속살이 드러날 정도로 상처가 깊었음에도 표정 변화 없이 견뎌낸 청년의 투혼이 대단합니다. 그의 발바닥은 예선전부터 이미 물집이 잡혔고 노박 조코비치(세르비아)와의 16강전 때는 상태가 매우 나빴다고 합니다. 진통제와 테이핑으로 겨우 상처를 다스리고 경기에 임했던 겁니다.

'테니스 황제'로 불리는 페더러는 이번 호주 오픈 대회 우승으로 메이저 대회 20회 우승을 이룬 살아있는 전설입니다. 테니스 역사에서 그의 업적을 능가한 선수는 없습니다. 체급 경기가 아닌 테니스는 신체 조건상 서양인들에게 절대적으로 유리합니다. 지금까지 동양인 남성이 테니스 메이저 대회(호주 오픈 대회, 프랑스 오픈 대회, 윔블던 대회, 전미 오픈 대회) 정상을 정복한 것은 중국계 미국인 마이클 창이 유일합니다.

운동 역학적인 측면과 선수 저변을 고려할 때 정현이 준결승까지 진출한 것은 매우 놀라운 일입니다. 이미 알렉산더 즈베레프(독일), 노박 조코비치(세르비아), 테니스 샌드그렌(미국) 등 세계적인 선수들을 차례로 꺾고 황제 페더러 앞에 나타난 21세의 한국 청년에게 세계가 주목하는 것은 당연합니다.

스포츠에는 승패를 가르는 냉혹함이 있습니다. 동시에 감동과 아름다움이 있습니다. 외환 위기 때 야구 선수 박찬호의 투구와 골프 선수 박세리의 샷을 보며 위로를 얻었습니다. 2002년 한일 월드컵을 보며 벅찬 감동을 느꼈습니다. 이번에는 많은 국민이 정현의 도전에 뜨거운 박수를 보냈습니다.

스포츠가 매력적인 이유는 영원한 강자가 없으며 드라마틱한 감동이 있고 명확한 룰에 따른 경쟁이 있기 때문입니다. 스포츠는 우리의 안일함과 고정 관념을 깨뜨려주기도 합니다. 불가능의 영역이라 여겨졌던 전인미답의 세계를 누군가 정복해 나갑니다. 박세리가 골프를 제패했고, 박태환이 수영을 정복했으며, 피겨 스케이팅에서 김연아가 나타났습니다. 이제 평창 동계 올림픽 스켈레톤 경기장에서 윤성빈이 또 하나의 반란을 준비하고 있습니다.

그러나 누구나 달콤한 열매를 맛볼 수는 없습니다. 잔잔한 호수 위를 노니는 백조의 아름다움 밑에는 거친 발버둥이 있듯이 피나는 노력과 고통 없이는 어느 것도 이룰 수 없다는 것을 수많은 스포츠 스타들이 증명합니다.

아리스토텔레스는 『니코마코스 윤리학』에서 정의의 본질은 평등하고 공평한 것이라고 했습니다. 스포츠가 아름다운 건 가장 공평하기 때문입니다. 노력한 만큼 보상이 나오고 실력대로 승부가 결정됩니다. 사람들은 스포츠와 같은 그런 사회를 갈망합니다. 연고주의와 파벌에 의해 부당하게 선택되고 배제되는 사회, 실력보다는 외모나 배경이 중시되는 사회, 부조리와 편법이 정당한 노력의 대가를 앗아가는 사회보다는 스포츠의 정정당당함을 좋아합니다. 노력과 실력대로 정당하게 보상받을 수 있을 때 젊은이들은 패기 있게 도전합니다. 이런 사회야말로 우리가 꿈꾸는 아름다운 세상 아닐까요. ⬤ 동아일보, 2018.01.31.

**소크라테스
질문하기**

Q1 연고주의*가 왜 문제인가?

연고주의 혈연, 지연, 학연 등에 따라 인간관계를 형성하고 다른 사람을 차별하는 배타적 태도를 말한다.

Q2 스포츠가 아름다운 이유는 무엇인가?

Q3 고통 없는 행복은 불가능한가?

**소크라테스
토론하기**

자유를 확장하는 것은 정의를 훼손하는가?

06

'정의의 여신'
디케에게 길을 묻다

'유전무죄 무전유죄 有錢無罪 無錢有罪'란 말이 있습니다. '돈 있는 자는 죄가 없고 돈 없는 자는 죄가 있다.'는 이 말에 많은 사람이 공감할 정도로 사법 불신이 팽배해 있습니다. 이번에는 사법부의 존립 기반을 뿌리째 흔드는 일이 발생했습니다.

양승태 대법원장 시절(2011년 9월~2017년 9월 재임) 법원행정처 주도로 판사들의 성향을 조사하고 청와대와 시국 사건 판결을 거래했다는 의혹이 있습니다. 사법부가 정권의 입맛에 맞는 판결을 해주는 대가로 상고 법원의 설치를 요구했다는 겁니다. 사전에도 없는 '재판 거래'라는 신조어가 신문 지상에 오르내리고 있습니다. 진실이 밝혀져야 하겠지만 공명정대해야 할 재판이 특정한 목적을 위해 거래 대상으로 전락했다면 참으로 어처구니없는 일입니다.

'○○일보 첩보 보고, 민변 대응 전략, 변호사협회 압박 방안…' 이번에 법원행정처 컴퓨터에서 발견된 문서 제목들입니다. 법원행정처가 대법원장의 정보원 노릇을 하며 정권과 거래했을 가능성을 보여주는 단서들입니다. 국정원 댓글 조작, 전교조 법외 노조, KTX 승무원의 해고 등 굵직한 사건들이 그 당시에 대법원에서 원심이 뒤집혔습니다.

사법부는 크게 동요하고 있습니다. 변호사 2,000여 명이 관련자 처벌을 주장하며 시국 선언을 했고 전국법관대표회의가 열리는 등 탈출구를 모색하고 있으나 여의치 않습니다. 사법부 스스로 사법권의 독립을 훼손했다는 점에서 심각성이 매우 큽니다.

"만약 사법권이 입법권과 결합하면 재판관이 입법자를 겸하기 때문에 시민의 생명과 자유가 권력에 의해 침해될 것이며 행정권과 결합하면 재판관은 압제자의 힘을 가질 것이다. 같은 사람이나 집단이 이 세 가지 권력을 모두 행사한다면 모든 것을 잃을 것이다."

일찍이 프랑스의 사상가 몽테스키외(1689~1755)의 저서 『법의 정신』(1748)에서 사법권 독립과 삼권 분립을 주장한 내용입니다. 오늘날 문명국가는 사법권의 엄격한 독립을 보장합니다. 사법권의 독립 중에서도 핵심적인 것이 재판의 독립입니다.

우리 헌법도 "법관은 헌법과 법률에 의하여 그 양심에 따라 독립하여 심판한다(헌법 제103조)."는 규정을 두어 재판의 독립을 명확히 하고 있습니다. 재판이 흔들린다는 것은 국가 기강과 질서가 무너진다는 것을 의미합니다. 사법부의 재판은 사람들이 억울하고 부당한 일을 당했을 때 의지할 수 있는 최종적인 수단입니다. 그마저 믿을 수 없다면 국민이 기댈 곳은 어디일까요.

대법원의 대법정 입구에는 정의의 여신상이 있습니다. 그리스 신화에 나오는 디케Dike입니다. 율법의 여신 테미스와 제우스 사이에서 태어난 디케는 정의가 훼손된 곳에 재앙을 내립니다. 왼손에 들고 있는 저울은 공명정대함을, 오른손에 들고 있는 칼(또는 법전)은 엄격한 법 집행을 상징합니다.

억울함을 호소하고 있는 수많은 당사자들이 신 앞에 있습니다. 디케여! 이들 앞에서 당신의 저울과 칼은 어떤 길을 제시하겠습니까. 🕯동아일보, 2018.06.20.

소크라테스
질문하기

Q1 디케의 저울이 기울면 왜 문제인가?

Q2 재판의 독립이 필요한 이유가 무엇인가?

Q3 권력 남용은 피할 수 없는 것인가?

Q4 도덕적 의무를 법으로 규율하는 것이 정당한가?

소크라테스
토론하기

법에 대한 복종은 정의를 지키는 일인가?

07

음바페와 모드리치

한여름을 더욱 뜨겁게 달궜던 2018 러시아 월드
컵이 프랑스의 우승으로 막을 내렸습니다. 결승전에서 맞붙었던
프랑스와 크로아티아 대표팀을 보면 흥미로운 점이 있습니다. 이
민자 또는 난민 출신 선수들이 눈부신 활약을 펼쳤다는 점입니다.

프랑스가 월드컵 첫 우승 트로피를 들었던 1998년 프랑스 월드컵
당시 지네딘 지단, 티에리 앙리, 파트리크 비에라 등 주축 선수들은
아프리카에서 프랑스로 옮겨간 이민자 가정 출신이었습니다. 당
시 프랑스 대표팀은 '아트 사커'라는 별명을 얻을 만큼 놀라운 조직
력과 패스워크를 자랑했습니다. 이번 대회에서도 프랑스 대표팀은
23명 중 21명이 이민자 가정 출신이고 그중 15명은 아프리카 출신
이라 합니다. 엄청난 스피드와 골 결정력으로 새롭게 떠오른 19세
의 신예 킬리안 음바페(파리 생제르맹) 역시 아프리카 카메룬 출신

의 아버지와 알제리 출신의 어머니 사이에서 태어난 이민자 가정의 후손입니다.

프랑스와 맞붙은 크로아티아 대표팀의 핵심 선수들 상당수도 난민 출신입니다. 1991년 유고슬라비아 내전 때 고향을 떠나 난민 생활을 하며 어린 시절 화약 냄새를 맡으며 자란 이들에게 조국의 의미는 남달랐을 겁니다. 쓰라린 경험을 공유한 선수들의 응집력과 투혼은 대단했습니다. 조국을 향한 절절한 애국심이 세 경기 연속 연장전 승부를 벌이는 혈투를 가능하게 한 원동력이었을지 모릅니다. 세계 최고의 미드필더로 이번 대회 골든볼을 수상한 크로아티아의 주장 루카 모드리치(레알 마드리드) 역시 난민 출신입니다. 모드리치는 6세 때 세르비아 민병대에 쫓겨 고향을 떠나 난민 생활을 했고 그의 할아버지는 세르비아 민병대에 살해되는 등 아픈 과거사를 갖고 있습니다.

내전을 극복하고 독립해 월드컵 결승 무대에 진출한 크로아티아, 이질적인 문화와 인종을 포용하며 문화적 다양성을 유지하는 프랑스의 상황이 남의 얘기만은 아닌 듯합니다. 최근 우리나라는 예멘 난민 문제로 시끄럽습니다. 제주도에 들어온 예멘 인들의 집단 난민 신청을 둘러싼 우리 사회의 찬반 논쟁이 격화되고 있습니다. 청와대 청원 게시판에는 난민 수용 반대에 동의하는 사람들이 70만 명을 넘어섰고 지난주에 전국 곳곳에서 난민 반대 시위가 잇따랐습니다.

이민자들에 대해서는 비교적 수용적인 태도를 보였던 우리 사회가 난민에 대해서는 유독 배타적인 이유는 무엇일까요? 이민자는 결혼, 취업 등으로 이미 오래전부터 서서히 유입되어 문화적 이질감 없이 수용된 데 비해 난민은 준비되지 않은 상황에서 갑작스럽게 닥친 문제입니다. 게다가 이슬람에 대한 편견과 부정적 낙인, 종교적 이질감 등이 더해져 정서적 반감이 큰 것 같습니다. 일자리 부족 등 각박한 국내 경제 현실과도 무관하지 않습니다.

난민 수용 반대 측에서는 취업을 목적으로 한 위장 난민 가능성을 제기합니다. 심사를 엄격히 한다는 정부 발표에도 불구하고 범죄와 문화 충돌 가능성에 대해 걱정합니다. 난민 수용을 찬성하는 측에서는 인도주의적 차원에서 접근하며 난민 반대가 자칫 부당한 인종 차별이 될 수 있다는 점을 우려합니다.

집에도 새사람이 들어오면 불편하거늘 이질적 문화를 가진 새로운 인종이 대거 유입되는 것에 대한 반감과 논란은 어쩌면 당연한 일입니다. 자국 우선주의와 국제 사회의 책무 사이에서 동요하며 진통을 겪고 있는 이 문제의 해결 실마리를 어떻게 찾아야 할까요.

동아일보, 2018.07.18.

소크라테스
질문하기

Q1 이민자와 난민은 본질적으로 다른가?

Q2 우리나라에서 난민을 수용하는 것이 왜 문제인가?

Q3 언어의 다양성은 사회 통합을 저해하는가?

Q4 다름은 곧 불평등을 의미하는가?

소크라테스
토론하기

자국민의 이익은 국제 사회의 책임과 의무에 우선하는가?

08

허민,
열정과 재능 사이

야구팬들의 큰 관심 속에 10일 2019 프로야구 신인 2차 드래프트가 열렸습니다. 프로야구 10개 구단이 전년도 성적 역순으로 10라운드 동안 총 100명의 선수를 지명했습니다. 각 팀 스카우트들이 매의 눈으로 꾸준히 관찰해 온 선수 중 옥석을 가려 뽑는 자리였습니다.

이날 1라운드 지명 선수들 외에 42세의 나이에 드래프트에 지원한 허민이라는 이름이 눈길을 끌었습니다. 100명의 선수가 지명되었지만 끝내 그의 이름은 불리지 않았습니다.

허민은 매우 독특한 이력을 갖고 있습니다. 서울대 야구부 출신으로 게임회사를 설립한 최고경영자CEO이며 한국 최초의 독립야구단 고양 원더스 구단주 경력을 갖고 있기도 합니다. 고양 원더스는 3년 만에 해체되었지만, 당시 '야신'이라 불리던 김성근 감독을 사령탑으로 영입해 화제가 됐습니다.

허민은 2009년 미국 메이저리그의 전설적인 너클볼 투수인 필 니크로를 찾아가 직접 너클볼을 배웠을 정도로 못 말리는 야구 열정을 가졌습니다. 2013년에는 미국의 독립리그인 캔암리그의 록랜드 볼더스에 정식 선수로 입단해 2015년까지 3시즌 동안 실전 경기에 뛰었습니다. 4경기 17이닝 동안 1승 2패 평균자책점 12.18이라는 기록에서 보듯이 실력은 뛰어나지 않았지만 야구 열정만은 대단했습니다.

올해 신인 드래프트 대상자는 총 1,072명이었습니다. 고등학교 졸업 예정자 805명, 대학교 졸업 예정자 257명, 해외 출신 등 기타 선수 10명이 드래프트에 지원했습니다. 이 중 100명이 프로야구팀의 선택을 받았으니 대략 10 대 1이 넘는 경쟁률입니다. 야구를 한 선수 중 90%는 프로야구에 발도 들여놓지 못한다는 얘깁니다. 운좋게 프로야구팀의 지명을 받은 100명의 선수 중 몇 년 안에 1군 주전 선수로 성장하는 자원은 그리 많지 않습니다. 2군과 육성군을 오가다가 선수 생활을 접는 사례가 더 많습니다.

어느 한 분야에서 최고 수준에 도달하기 위해서는 재능과 열정, 성실성과 자기관리 등 갖추어야 할 역량과 태도가 많습니다. 재능 있는 자가 열정까지 있으면 금상첨화錦上添花여서 빠른 성장을 하겠지만, 열정 없는 재능은 그 잠재력을 꽃피우기 어렵습니다. 재능에 비해 열정이 넘치는 경우는 발전이 더디지만, 거북과 같은 행보를 보일 수는 있을 것입니다.

어린아이가 아무리 축구를 좋아하여 매달린다 해도 모두가 박지성이나 손흥민이 될 수는 없습니다. 아니 정확히 말하면 죽었다 깨어나도 그 수준에 오를 수 없습니다. 그래도 열정 없는 재능보다는 재능 없는 열정에 박수를 보내고 싶은 게 우리의 마음인 듯합니다.

프로야구에서는 재능과 열정이 결합하여 최고의 반열에 오른 최동원, 장종훈, 이승엽, 이종범, 박찬호, 류현진 등이 있지만, 한 차례 불꽃을 튀기고는 이내 사라져버린 안타까운 선수들도 많습니다. 허민과 같이 뭔가 특별함이 있는 사람을 '괴짜'라고 부릅니다. 돈키호테 같은 엉뚱함과 무모함이 있더라도 자기가 하고 싶은 일에 열정을 쏟을 수 있다는 것은 매우 가치 있는 일입니다. 그에게 야구의 승패보다 중요한 것은 자신의 꿈을 향한 도전인 듯합니다. "어디로 갈지 모른다는 점이 인생과 닮아 너클볼을 좋아한다."는 허민의 말에 여운이 남습니다. 🖊동아일보, 2018.09.12.

소크라테스 질문하기

Q1 정의의 관점에서 볼 때 프로야구 신인 드래프트 제도는 어떤 분배 기준(업적, 능력, 필요)에 부합하는가?

Q2 '열정 없는 재능'과 '재능 없는 열정' 중 어느 것을 선택하겠는가?

Q3 열정이 가치 있는 이유가 무엇인가?

Q4 광기(狂氣)*에도 의미가 있는가?

광기(狂氣) 미친 듯이 날뛰는 기질을 속되게 이르는 말이다.

소크라테스 토론하기

승패(성과)를 초월한 열정과 도전이 가능한가?

09

日 욱일기 논란과 마이클 샌델

해군 관함식과 욱일기(욱일승천기)를 둘러싼 논란이 거세게 일었습니다. 10일부터 14일까지 제주도에서 세계해군축제라는 이름으로 국제관함식이 열립니다. 관함식은 국가 원수가 직접 자국 함정의 사열을 받는 의식을 말하는데 우리나라에서는 10년마다 열립니다. 전 세계에서 약 4만 명의 장병과 함께 군함 50여 척, 항공기 20여 대가 참여한다고 합니다. 제주도 시민단체들은 한반도 평화 시대에 역행하는 것으로 보고 관함식 자체를 반대하고 있습니다.

국내 갈등과 더불어 국가 간의 갈등도 발생했습니다. 일본의 전범기인 욱일기 때문입니다. 우리 해군은 국제적 관례에 따라 이번 행사에 참여하는 국가의 군함에 자국 국기와 태극기만을 게양할 것을 요청했습니다. 그런데 일본은 욱일기 게양을 고집했습니다.

욱일기는 일본 제국주의의 상징입니다. 일본의 과거사를 규탄하는 시위가 잇따르는 등 국내 여론은 뜨거웠습니다.

논란 끝에 일본의 불참 통보로 사태가 일단락됐습니다. 하지만 이번 사태의 뒤끝은 개운치 않습니다. 군국주의의 악령을 떨치지 못하고 과거를 반성하지 않는 일본의 태도 때문입니다. 나치의 상징인 하켄크로이츠를 버리고 과거 만행에 대해 철저히 반성하는 독일과 명확히 대비됩니다.

1951년 독일의 콘라트 아데나워 당시 총리는 "독일 국민의 절대다수는 유대인을 상대로 한 범죄를 혐오하였으며 그 범죄에 동참하지 않았다. 하지만 그 범죄가 독일 국민의 이름으로 저질러졌기에 그에 관한 도덕적·물질적 배상을 해야 한다."고 말했습니다. 독일은 유대인 학살에 대한 책임을 인정하고 생존자와 이스라엘에 배상금 수백억 달러를 지급했으며 빌리 브란트, 앙겔라 메르켈 등 수많은 정치 지도자가 수십 년에 걸쳐 공개적으로 과거 세대의 잘못에 대해 사과했습니다.

과거 세대의 잘못에 대해 현재 세대가 책임을 져야 할까요? 자유주의적 정의관을 가진 미국의 로버트 노직(1938~2002)은 개인의 자유로운 선택만이 자신을 강제하는 도덕적 의무의 원천이라고 말합니다. 따라서 자신이 선택하지 않은 과거 세대의 잘못에 대해 책임질 필요가 없다고 봅니다.

그러나 미국의 정치철학자 마이클 샌델의 생각은 다릅니다. "우리가 스스로 선택하지 않은 것에는 구속되지 않아도 된다고 생각한다면, 공동체를 위해 도덕적·정치적 의무를 다하고 나아가 헌신하고 희생하는 사람들의 삶을 이해할 수 없습니다. 인간의 자아는 그의 사회적·역사적 역할과 지위로부터 분리될 수 없습니다. 따라서 과거 세대가 행한 잘못을 현재 세대가 책임지는 것은 당연합니다." 이처럼 샌델은 개인의 정체성은 그가 속한 공동체와의 연고를 떠나서 독립적으로 형성될 수 없다는 입장입니다.

일본은 한편으로 국가를 위해 개인의 희생을 정당화하는 집단주의적 모습을 보이면서 과거 세대의 잘못에 대해서는 눈감아버리는 이중적 태도를 드러내고 있습니다. 현재 세대들끼리는 필요에 따라 집단주의적 연대감을 보이고 과거 세대와는 편의에 따라 단절하는 모순적 태도는 국제 사회의 평화적 공존에 장애가 될 뿐입니다. 🕯️동아일보, 2018.10.10.

**소크라테스
질문하기**

Q1 과거사에 대한 일본과 독일의 태도가 왜 다른가?

Q2 공동체는 개인의 자유를 억압하는가?

Q3 일본의 이중적 태도가 갖는 모순은 무엇인가?

**소크라테스
토론하기**

개인의 정체성은 그가 속한 공동체와의 연고를 떠나서 독립적으로 형성될 수 없는가?

10
로버트 킹 머튼의 일탈론

"무릇 있는 자는 받아 넉넉하게 되되 없는 자는 그 있는 것도 빼앗기리라." 성경 마태복음 13장 12절에 나오는 구절입니다. 미국의 기능주의 사회학자 로버트 킹 머튼(1910~2003)은 이 구절을 빌려 '마태 효과'란 말을 썼습니다. 갈수록 심화되는 빈익빈 부익부 현상을 의미합니다.

사회 불평등 문제는 인류가 해결하지 못한 영원한 숙제입니다. 우리가 주목해야 할 본질적인 문제는 불평등이 점점 심화되거나 양극화되는 현상입니다. 이런 사회에서 개인은 무기력해지고 냉소적인 태도를 띠게 됩니다. 사회 통합이 깨지고 계층 간 갈등이 증가하는 등 사회적으로 감당해야 할 비용이 커집니다.

고등학교 통합사회 대단원 중 하나가 '정의正義'입니다. 이 단원에서는 사회적 자원을 어떻게 배분하는 것이 정의에 합치되는지를 논의합니다. 사회 및 공간 불평등을 주제로 한 수업에서 부모의 계층적 지위와 자신의 미래 계층적 지위를 비교해 보라는 질문을 던져봤습니다. 놀랍게도 학생 대부분은 부모 세대의 계층적 지위와 자신의 지위가 같을 것이라고 답했습니다. 세대 간 상승 이동을 예상한 학생은 한두 명에 불과했고, 서너 명의 학생은 하강 이동을 예상했습니다.

제한된 표본이지만 공부깨나 한다는 아이들이 모여 있는 이 학교에서 세대 간 사회 이동 가능성에 대해 비관적으로 보고 있다는 것은 의외입니다. 이 학생들의 부모 세대가 고등학교에 다닐 때만 해도 같은 질문을 했을 때 절반 이상이 그 부모 세대보다 나은 계층적 지위를 갖게 될 것이라는 꿈을 꾸었을 텐데 말이죠.

불과 한 세대 만에 개천에서 용 나는 사회 이동의 가능성이 차단되다시피 한 닫힌 사회가 되고 말았습니다. 흙수저가 열심히 노력하면 은수저도 되고 금수저도 될 수 있는 사회가 바람직하지만, 우리 사회에서 수저 담론은 불행하게도 닫힌 사회를 상징하며 냉소주의와 결합되어 있습니다.

최근 1년 사이에 벌어진 부동산 가격 폭등 속에서 가진 자와 그렇지 않은 자 간에 희비가 엇갈렸습니다. 양극화와 계층 고착 가능성이 커졌습니다. 얼마 전 새마을 금고 강도 사건이 터졌습니다. 자녀의 취업을 위한 부정 청탁, 선거에 이기기 위한 댓글 조작과 중상모략, 몇몇 학교에서 터진 시험 부정, 사립유치원의 회계 부정 등이 이슈가 됐습니다. 별개의 사건이지만 머튼은 이러한 일탈을 아노미 현상으로 설명했습니다.

머튼은 사회적으로 인정된 목표와 이러한 목표를 달성하기 위해 그 사회에서 인정하고 있는 수단의 괴리를 아노미 상태로 진단했습니다. 그 아노미 상태에 대한 적응 방식 중 이루고자 하는 목표에 집착하면서 제도화된 수단을 거부하는 유형을 혁신형 적응 방식으로 분류했습니다. 즉, 목표와 수단 간의 괴리가 클 때 제도화된 수단을 거부하고 목표를 이루기 위해 무리수를 두면서 일탈로 이어진다는 것입니다.

머튼은 일탈을 개인적 문제로 돌리지 않았습니다. 유기체와 같은 사회 구조 안에서 발생하는 사회적 문제로 봤습니다. 국가는 닫힌 사회에서 좌절했을 사람들에게 눈길을 돌려 구조적 모순을 해결하는 데 역량을 아끼지 말아야 합니다. 적어도 정의의 확장을 지향하는 국가라면 말입니다. 동아일보, 2018.10.31.

소크라테스
질문하기

Q1 불평등은 인간의 숙명인가?

Q2 불평등이 심화되어 양극화되는 것이 왜 문제인가?

Q3 계층 체계 안에서 사회 이동 가능성이 차단되면 왜 문제인가?

Q4 어떤 사람이 일탈하는 것이 왜 사회 구조적 문제인가?

소크라테스
토론하기

가난과 무능은 동의어인가?

11

하워드 가드너와
학생부종합전형

세계적 베스트셀러 해리포터 시리즈의 작가 조앤 K. 롤링이 해리포터를 쓰는 대신 수학 공부를 하고 '피겨 여왕' 김연아가 스케이트화를 벗고 소설에 매진했다면 어땠을까요? 언어나 수리 능력만으로 한 줄을 세웠다면 각 분야에서 정상에 오른 수많은 이들이 뒷전으로 밀렸을지 모릅니다.

우리는 오랫동안 지적 능력 측정 도구인 IQ^Intelligence Quotient에 의지해왔습니다. 1905년 알프레드 비네 등 프랑스 심리학자들이 지적 장애아를 파악하려는 목적으로 개발한 IQ는 1912년 독일 심리학자 빌리암 슈테른이 일반 아이들의 지능을 측정하는 도구로 활용하면서 널리 퍼졌습니다. 수리, 언어, 도형 문제로 구성된 IQ 테스트는 오늘날 인간의 다양한 능력을 측정하는 데 그다지 유용한 지표로 인정되지 못하고 있습니다.

1990년대 초반 미국 하버드대의 교육심리학자 하워드 가드너(1943~)의 다중지능이론이 우리나라에 소개되자 교육계는 술렁였습니다. 그동안 언어와 수리 능력 위주로 한 줄 세우기에 급급했던 학교 교육에서 대인관계, 자연 친화, 신체운동, 음악, 시각 지능 등 다양한 역량에 주목하게 됩니다. 1994년을 기점으로 대학입학학력고사가 대학수학능력시험(수능)으로 바뀝니다. 그 밖에 논술, 심층면접, 적성검사 등 다양한 평가 방식이 등장합니다. 최근에는 학생부종합전형(학종)이 대학 입시의 주류로 떠올랐습니다. 학종은 학업 역량, 학업 외 역량은 물론 인성까지 종합적으로 평가하는 전형입니다. 내신 성적의 비중은 점점 커졌고 학생들은 내신의 중압감에 짓눌리게 됐습니다.

최근 숙명여고 시험 부정 사건에 대한 경찰 수사가 종결되어 검찰로 송치됐습니다. 경찰 발표에 따르면 전 교무부장은 지난해 1학년 기말고사부터 올해 2학년 1학기 기말고사까지 5차례의 정기고사에서 총 18개 과목의 정답을 자신의 딸인 쌍둥이 자매에게 유출했다고 합니다. 학교 측은 쌍둥이 자매의 성적을 모두 0점 처리하고 퇴학시키는 절차에 착수했으며 전 교무부장의 파면을 징계위원회에 건의하기로 했습니다.

이 사건으로 학교의 내신 성적과 학종에 대한 불신이 더욱 커지고 있습니다. 애초 학종의 도입 취지는 그럴듯했습니다. 수능으로 한 줄 세우기에서 벗어나 장기간 쌓아 올린 학업의 성과를 종합하여 학업 역량과 잠재력을 들여다보겠다는 것이었지요. 5지 선다형으로는 창의성을 신장할 수 없고 미래 인재를 기를 수 없다는 문제의식도 깔려 있었습니다. 더불어 학교 교육을 내실 있게 하고 사교육의 영향력을 줄이고자 하는 취지도 반영되었습니다.

그러나 현재의 학종은 뿌리부터 흔들리고 있습니다. 도입 취지와 달리 표류하고 있습니다. 평가의 기본은 공정성입니다. 평가받는 당사자들이 공정성에 의문을 품고 결과에 대해 회의를 갖는다면 그 평가 시스템은 정의롭지 못합니다. 좋은 의도가 과정과 결과의 정의를 담보해주는 것은 아닙니다. 학종이 공정성과 신뢰를 얻지 못한다면 빛 좋은 개살구에 불과하겠지요.

내일 수많은 수험생이 대학수학능력시험 앞에서 자신의 역량을 펼칩니다. 수능이 최선의 평가도구는 아니지만, 수험생들이 자신의 실력을 충분히 발휘하기를 바라며 응원의 박수를 보냅니다.

동아일보, 2018.11.14.

Q1 학생부종합전형과 대학수학능력시험은 개인의 역량을 제대로 평가하는가?

Q2 5지 선다형 시험은 창의성을 신장할 수 없는가?

Q3 입시에서 타인의 도움을 받는 것은 공정하지 않은 것인가?

Q4 학생부종합전형이 공정성과 신뢰를 확보할 수 있는가?

소크라테스 토론하기

사교육은 정의를 훼손하는가?

12

공동체를 위한 희생
'칼레의 시민'

"모든 칼레 시민의 목숨을 살려주는 대신 오랫동안 잉글랜드군에 저항한 책임을 물어 도시를 대표하는 시민 6명을 죽이도록 하겠다. 너희 스스로 그 6명을 뽑고, 그 6명은 자신이 목을 매달 밧줄을 목에 걸고 내가 입성할 성문 열쇠를 들고나오도록 하라."

14~15세기 영국과 프랑스 사이에 벌어진 백년 전쟁 당시 칼레를 점령한 영국 국왕 에드워드 3세의 서슬 퍼런 포고문입니다. 수많은 부유층과 고위 관료들이 죽음을 자초하고 나섰고 그들의 용기 있는 행동으로 칼레 시민들은 목숨을 건졌습니다.

칼레는 도버 해협에 접해 있는 프랑스 북부의 작은 도시입니다. 그곳에 '칼레의 시민'(1889)이라는 유명한 조각상이 있습니다. 6명의 영웅적 행동을 기리기 위해 프랑스 조각가 오귀스트 로댕이 만든 청동 작품입니다. 이 조각상을 자세히 살펴보면 죽음에 대한 공포와 딜레마로 고민하는 인간적인 모습이 느껴집니다.

세금 문제로 온통 시끄럽습니다. 최근 프랑스에서는 노란 조끼를 입은 시민들의 시위가 한 달째 이어지고 있습니다. 지난달 17일 유류세 인상을 계기로 촉발된 시위는 프랑스 전역으로 확대돼 연인원 수십만 명이 참여하고 있습니다. 시위대는 최저 임금 인상, 부유세 부활, 연금 축소 반대, 대입 제도 개편, 에마뉘엘 마크롱 대통령의 퇴진 등을 요구하고 있습니다.

마크롱 정부는 환경 오염 방지 명분으로 지난 1년간 경윳값을 23%, 휘발윳값을 15%를 올렸습니다. 시민들은 마크롱 정부가 기업에 세금은 깎아주면서 서민들에게만 세금 부담을 지운다고 불만입니다. 날로 커져가는 빈부 격차에 대한 분노가 폭발하고 있는 듯합니다. 세금 문제는 이렇게 민감한 사안입니다.

중국에서는 유명 배우 판빙빙의 탈세 사건이 드러났습니다. 한때 감금설, 사망설, 해외 망명설이 돌던 판빙빙이 얼마 전 탈세에 대해 공식 사과하며 벌금과 체납 세금 등 1,483억 원을 냈습니다. 세무당국이 연예계에 대한 대대적 세무 조사 움직임을 보이자 장쯔이, 쑨리, 우징 등 중국 톱스타들의 자진 납세가 이어지고 있습니다. 이중계약을 한 후 실제보다 훨씬 적은 금액의 계약서를 세무 당국에 제출하는 수법으로 탈세하는 중국 연예인들의 관행이 사라질지 지켜볼 일입니다.

우리나라도 예외는 아닙니다. 최근 국세청은 2억 원 이상 고액 상습 체납자가 5만 5,000여 명이며 이들 가운데 약 20%는 고의로 재산을 숨기고 있는 악성 탈세자라고 발표했습니다. 서울시 38세 금징수과 기동팀이 지난달 26일 체납액을 징수하기 위해 전두환 전 대통령 자택을 방문했습니다. 하지만 이번에도 가택 수색에 실패하고 발길을 돌렸다고 합니다. 전 전 대통령은 지방세 9억 8,000만 원, 국세 21억 원가량을 체납 중인 것으로 알려졌습니다.

의무보다는 권리를 앞세우고 공동체보다는 개인을 중시하는 세태에 칼레의 영웅들은 뭐라고 말할까요. 1979년 12월 12일은 '전 재산이 29만 원뿐'이라며 '왜 나만 갖고 그래'라는 항변으로 유명세를 치르기도 했던 전 전 대통령이 군사 반란을 일으킨 날입니다. 처절한 반성은커녕 변명과 구실을 찾아 움츠리는 전직 대통령에게 노블레스 오블리주(상류층의 도덕적 의무감)까지는 아니더라도 최소한의 품격이나마 기대하고 싶은 것이 소시민의 마음 아니겠습니까. ⚱동아일보, 2018.12.12.

소크라테스
질문하기

Q1 의무를 다하지 않고 권리를 행사하는 것은 부당한가?

Q2 개인이 권리를 앞세우면 공동체의 가치와 충돌하는가?

Q3 공동체를 위한 희생이 높이 평가받는 이유가 무엇인가?

소크라테스
토론하기

인간의 본성은 이기적인가?

13
롤스의 '정의론'과 복면가왕

일부 공공기관과 금융권의 채용 비리와 고용 세습 이 오랫동안 뉴스에 오르내립니다. 근래에 투명하고 공정한 것을 갈구하는 목소리가 어느 때보다 크게 울립니다. 숙명여고를 비롯 한 일부 학교에서 벌어진 내신 비리 사건도 한몫했습니다.

최근 부모의 재력과 정보력, 사교육에 의해 오염된 학생부종합 전형의 민낯을 보여주는 한 드라마가 화젯거리입니다. 외부의 힘 과 배경이 개입하여 개인의 역량을 왜곡하고 공정한 평가를 제한 하는 현실은 분명 정의롭지 못합니다.

게다가 사법 농단 사건으로 양승태 전 대법원장이 검찰 수사를 받고 있으니 우리 사회에서 정의는 어디에 있는지 갈피를 잡기 어 렵습니다. '정의正義'는 일반적으로 '옳고 곧은 것', '공정한 것'을 의 미합니다. 고대 그리스 철학자 아리스토텔레스도 심각히 고민했을 정도로 정의 문제는 동서고금 영원한 화두인가 봅니다.

오늘날 정의에 대한 이론적 관점은 존 롤스(1921~2002)에게 상당한 빚을 지고 있습니다. 수십 년간 '정의'란 한 주제를 파고든 롤스에 따르면 자유와 평등의 공존을 위해 절차가 공정해야 한다고 주장합니다. 공정한 절차를 따르기만 하면 결과도 정의롭다고 믿었습니다. 절차의 공정성을 위해서는 합의 당사자들이 '원초적 입장'에 놓여 있어야 한다고 그는 말합니다.

'원초적 입장'은 사회적 지위, 정신적·신체적 능력, 성격, 가치관 등이 '무지의 베일'에 싸여 있는 상태를 뜻합니다. 그래야 자신에게 유리한 절차를 만들지 않는다는 것이지요. 만약 부모의 사회경제적 지위, 성이나 인종, 종교, 출신 지역, 학벌에 의해 공정한 경쟁이 제한받는다면 롤스가 말한 절차적 공정성과 거리가 멉니다.

최근 MBC의 예능 프로그램 '복면가왕'이 미국에 수출돼 큰 인기를 끌고 있습니다. 미국 케이블 FOX 채널은 복면가왕 포맷을 수입하여 리메이크작 '더 마스크드 싱어The Masked Singer'를 출시했습니다. 2일 첫 방송을 본 시청자가 936만 명에 달해 최근 7년간 미국 예능 프로그램의 첫 방송 최고 시청률을 기록했다고 합니다.

tvN '꽃보다 할배'에 이은 두 번째 미국 진출 사례입니다. 그 전에도 여러 편의 방송 포맷이 동남아시아 등 세계 시장에 진출한 바 있습니다. 우리의 창의적 콘텐츠가 해외에서 호평을 받는 것은 매우 고무적입니다.

복면가왕에 더욱 주목하는 이유는 이 프로그램이 함축하고 있는 '공정성' 메시지 때문입니다. 얼굴을 완벽히 가렸으니 노래하는 자의 실력만으로 우열이 평가될 수밖에 없습니다. 가수의 권위나 선입견에 의한 평가는 일체 배제됩니다. 원초적 입장의 전제로 롤스가 가정했던 '무지의 베일'의 모습을 보는 듯합니다.

돈과 권력이 공정한 경쟁을 해치고 부정 청탁과 채용 비리가 만연한 사회에서 계급장 떼고 오로지 실력으로 겨루는 프로그램은 그 자체로 매력적입니다. 예능이 차라리 현실이기를 바라는 마음이 시청자들을 사로잡았을지 모릅니다. 인종과 출신 지역의 장벽이 여전히 존재하는 미국 사회에서도 공정함을 바라는 마음은 우리와 다르지 않겠지요.

복면가왕은 JTBC '히든 싱어'와 유사합니다. 장막으로 가린 상태에서 진짜 가수와 노래 실력을 겨루는 포맷은 참가자와 관객 모두에게 감동을 줍니다. 이런 상황이야말로 롤스가 그토록 강조한 순수한 절차적 정의에 부합하지 않을까요. 편법과 선입견의 장벽을 허물고 실력으로 당당히 경쟁하는 사회를 바라는 우리 모두의 소망이 현실에서도 이루어지기를 기대합니다.

동아일보, 2019.01.16.

소크라테스
질문하기

Q1 기업에서 인맥*에 의한 인재 채용이 왜 문제인가?

인맥(人脈) 정계, 재계, 학계 따위에서 형성된 사람들의 유대 관계를 말한다.

Q2 절차적 공정성이 전제되어도 정의롭지 않을 수 있는가?

Q3 롤스의 '무지의 베일'과 '복면가왕'의 공통적 시사점은 무엇인가?

소크라테스
토론하기

수시 학생부종합전형과 정시 수능 위주 전형 중 어느 것이 정의에 부합하는가?

4장

문화

01

홍콩 영화 신드롬과 한류 붐

2017년 9월 12일은 홍콩 배우 장궈룽張國榮(장국영)의 61번째 생일입니다. 그는 2003년 4월 1일 홍콩 만다린 호텔 24층에서 뛰어내렸습니다. 직접 본 사람은 아무도 없지만 사건은 자살로 종결됐습니다. 10여 년이 흐른 지금까지 그 호텔방에는 매일 향이 피워지고 있다고 합니다. 만우절인 4월 1일이면 팬들이 만다린 호텔을 찾아 거짓말같이 세상을 떠난 그를 추모하고 있습니다.

장궈룽은 원래 가수로 데뷔했으나 영화배우로 더 알려졌죠. '영웅본색'(1986), '천녀유혼'(1987), '아비정전'(1990), '동사서독'(1994), '해피투게더'(1997), '패왕별희'(2003) …. 이름만 들어도 올드 팬들의 추억을 자극하는 유명한 영화들을 히트시킨 주인공이 바로 장궈룽입니다. 이 작품들은 장궈룽을 세계적인 스타의 반열에 오르게 했습니다.

그가 열연했던 시절만 해도 홍콩 영화는 아시아의 주류였습니다. 아시아 영상 문화의 원류처럼 보였습니다. 명절이면 으레 홍콩 영화 한 편 봐줘야 하고, 연인들은 홍콩 영화를 보며 데이트했으며, 그 배우들의 동작과 말을 흉내 내는 것이 일상이었습니다. 청룽成龍(성룡), 저우싱츠周星馳(주성치), 리롄제李連杰(이연걸), 저우룬파周潤發(주윤발), 왕쭈셴王祖賢(왕조현), 장바이즈張柏芝(장백지) 같은 수많은 스타가 스크린 속에서 세계의 젊은이들을 웃고 울게 만들었습니다. 그 중에서도 장궈룽은 우수에 찬 눈빛과 아름다운 얼굴선, 여린 듯 강렬한 연기로 열성팬이 가장 많습니다.

그 당시만 해도 한국 영화는 '재미없고 뻔한 것'이라는 굴레를 벗어나지 못했습니다. 콘텐츠가 부실했고 제작 여건이 열악했습니다. 일본 문화 개방에 대해 두려움에 찬 저항이 있었고 할리우드 영화 개방에는 스크린 쿼터로 보호막을 쳤습니다. 문화 사대주의로 인한 문화 정체성 상실을 우려하는 목소리가 컸습니다.

지금 생각해 보면 기우였습니다. 우리의 문화 역량에 자신감이 없었던 것입니다. 그러나 영화 '쉬리'가 가능성을 보여준 이래 '실미도', '태극기 휘날리며' 등이 천만 관객을 넘어서는 신기원을 이룩했습니다. 이후 '해운대', '명량', '국제시장', '변호인', '부산행', '택시운전사' 등 많은 영화의 관객이 천만 명을 웃돌며 작품성과 대중성을 확보했습니다. 주요 영화제에서 작품상, 감독상, 여우주연상 등을 수상하며 경쟁력을 보여주고 있고 수출도 되고 있습니다.

드라마 분야에선 '겨울연가'가 신드롬을 일으키며 일본에 한류 붐을 일으켰고, '대장금'이 중국과 동남아시아를 파고들었습니다. 한국의 예능 프로그램을 모방하는 외국 채널이 많아졌고, 수많은 아이돌 가수들의 역동적인 춤과 노래가 아시아를 넘어 유럽과 남미까지 한류를 확산시키고 있습니다. 케이팝K-Pop을 따라하는 전 세계의 젊은이가 늘고 있고 한국어를 배우려는 수요가 날로 증가하고 있습니다. 어느덧 배용준과 송중기, 김수현과 박보검이 세계의 '장궈룽'이 되어 있습니다. 홍콩 영화와 일본 만화가 판치던 시절을 생각하면 격세지감隔世之感(오래되지 않은 사이 아주 다른 세상이 된 느낌)이죠.

과연 한국 문화의 매력은 무엇일까요. 홍콩 영화처럼 한때의 신기루가 되지 않기 위해서 우리는 한류의 내공을 키우고 외연을 확장하는 지속적인 노력과 연구, 그리고 정책과 제도적 지원이 필요합니다. ✒동아일보, 2017.09.13.

소크라테스
질문하기

Q1 한류 문화 콘텐츠의 매력은 무엇인가?

Q2 예술 작품의 본질은 대중성인가, 작품성인가?

Q3 예술 작품은 인간의 삶을 풍요롭게 하는가?

Q4 문화는 국가 간 외교의 수단이 될 수 있는가?

소크라테스
토론하기

스크린 쿼터제는 극장이 자국의 영화를 일정 기준 일수 이상 상영하도록 강제하는 제도로서 '국산 영화 의무 상영제'라고도 한다. 현재 한국의 스크린 쿼터는 '영화진흥법' 및 '영화 및 비디오물의 진흥에 관한 법률 시행령'(2006)에 따라 연간 73일로 규정되어 있다. 자국 영화 보호를 위해 스크린 쿼터 제도는 유지되어야 하는가?

거쇼를 위한 변명

　　　최고 실력을 갖춘 선수들이 경쟁하는 미국 메이저 리그에서 선발 투수로 144승 64패 평균 방어율 2.36을 기록 중인 선수가 있습니다. 메이저리그 최고 투수에게 주는 사이영상을 3번 이나 수상했으며(2011, 2013, 2014) 시즌 MVP 1번, 다승왕 2번, 탈삼진왕 3번, 4년 연속 평균 자책점 1위, 이닝당 출루 허용률(WHIP) 4년 연속 1위 등 압도적인 실력을 갖췄습니다. 올해도 18승 4패 평균 자책점 2.31로 내셔널리그 최다승을 이루었고 사이영상 유력 후보입니다. 그의 이름은 LA 다저스의 클레이턴 커쇼입니다. 명실상부 세계 최고 투수지요.

　그런 커쇼에게 불명예스러운 별명이 있습니다. 바로 '가을 커쇼'입니다. 가을 포스트 시즌만 되면 평소의 실력을 펼치지 못한다는 점 때문에 붙은 별명입니다. 이전까지 포스트 시즌 통산 18경기에 출전하여 4승 7패 평균 자책점 4.55에 그쳤습니다. 커쇼의 명성과 거리가 먼 초라한 성적입니다.

2017년 아메리칸리그 챔피언 휴스턴 애스트로스와 맞붙은 월드 시리즈 5차전(10월 30일)에서 커쇼는 율리에스키 구리엘에게 3점 홈런을 맞는 등 4와 3분의 2이닝 동안 6실점하고 마운드를 내려왔습니다. 에이스의 역할을 전혀 하지 못했을 뿐만 아니라 역대 단일 포스트 시즌 최다 피홈런(8개)이라는 불명예 기록마저 떠안게 되었습니다.

최고의 기량을 갖춘 선수가 왜 이런 경기력을 보여주는 것일까요. 야구는 멘탈의 스포츠라 합니다. 포스트 시즌, 더 나아가 양대 리그 챔피언끼리 진검 승부를 펼치는 월드 시리즈에서는 평상심을 유지하기 어려운 듯합니다. 아마 커쇼도 그 엄청난 중압감을 이겨내지 못한 것 같습니다. 그의 제구력, 커브, 슬라이더는 메이저리그 최고 수준임에 의심의 여지가 없습니다. 더구나 그런 구종이 일정하게 같은 폼에서 나오기 때문에 타자 입장에서는 정타를 때리기 여간 어려운 게 아닙니다.

다저스가 1988년 월드 시리즈를 제패한 이후 29년 만에 다시 진출했으니 우승을 향한 열망을 짊어진 에이스 커쇼가 받았던 부담은 상상을 초월했을 것입니다. 더그아웃에서 땀을 닦아내며 그라운드를 맥없이 응시하는 커쇼의 눈빛에서 연민의 정이 느껴집니다. 상대 타자들에게 난공불락의 괴물로 군림했던 한 투수의 인간적인 나약함을 보는 것 같아 가슴이 뭉클해집니다. 화무십일홍花無十日紅 (열흘 붉은 꽃은 없다)이라는 말도 있듯이 누구나 늘 화려할 수는 없습니다. 인간이기에 초라할 때도, 약할 때도 있습니다. 그럼에도 불구하고 야구팬은 커쇼의 화려한 피날레를 기대합니다.

큰 무대에서 더 자신 있게 실력을 발휘하는 선수들도 있습니다. 랜디 존슨(애리조나 다이아몬드백스), 존 래키(전 보스턴 레드삭스), 매디슨 범가너(샌프란시스코 자이언츠)와 같은 투수는 월드 시리즈에서도 자신의 기량을 충분히 발휘했습니다.

이제 대학수학능력시험이 보름 앞으로 다가왔습니다. 전국의 수험생들 모두 자신의 평소 실력을 충분히 펼치리라 믿어 의심치 않습니다. 수능이라는 큰 무대에서 주눅 들지 말고 잘 헤쳐 나갈 배짱과 자신감을 가지라고 두 손 모아 응원합니다.

동아일보, 2017.11.01.

Q1 스포츠에서의 멘탈*과 시험에서의 멘탈은 유사점이 있는가?

멘탈(mental) 정신의, 마음의, 정신적인

Q2 멘탈이 약한 학생에게 수능 시험은 불공정한가?

Q3 인간의 나약함은 극복 가능한가?

소크라테스
토론하기

인간은 패배의 공포에서 벗어날 수 있는가?

03
'세기말 키즈'
1999년생 토끼띠

고층 빌딩의 엘리베이터가 갑자기 멈춰 서고, 비행기가 추락하고, 원자로가 녹아내릴지도 모른다는 공포에 휩싸인 적이 있습니다. 마지막 두 자리만 읽도록 설계된 컴퓨터가 1900년 1월 1일과 2000년 1월 1일을 같은 날로 인식할 것이고, 그로 인한 컴퓨터 장애로 대혼란이 야기된다는 겁니다. 1999년에 이런 공포가 극에 달했고 당시 사람들은 이를 'Y2K 문제' 또는 '밀레니엄 버그'라 불렀습니다. 1999년은 노스트라다무스의 종말론이 유행하기도 했습니다. 사람들이 허무주의에 빠지고 내세와 윤회에 관심을 갖는가 하면, 사이비 종교가 극성을 부리는 등 세기말 현상이 나타났습니다.

토끼해인 1999년에 태어난 세기말 키즈 61만 4,000여 명이 올해 고등학교 3학년입니다. 이들은 지난 한 주를 혼란 속에서 지냈습니다. 경북 포항에서 발생한 지진으로 인해 대학수학능력시험이 일주일 연기되는 사상 초유의 일을 받아들여야 했습니다. 낭패감에 소리를 지르고 우는 학생도 있었습니다. 공부와 생체 리듬을 16일에 딱 맞춰놓은 학생들의 복잡한 심정을 당사자가 아니면 헤아리기 어렵습니다. 특히 여학생들은 생리 주기를 조절하기 위해 약까지 복용하며 준비했는데 시험 연기로 크게 동요했습니다. 그동안 공부했던 책들을 모두 버린 학생들의 당혹감도 이루 말할 수 없겠지요. 여진이 계속되고 있는 포항의 수험생들이 느끼는 불안감은 오죽할까요.

다행히 하루 이틀 지나면서 아이들은 얼굴에 웃음기를 되찾았습니다. 처음에는 자신의 상황을 힘들어했지만 곧 포항의 사정을 이해하는 포용적인 모습을 보였습니다. 1999년생의 학창 시절은 우여곡절이 많았습니다. 잦은 교육과정 개편의 영향으로 혼란을 겪었고, 초등학교 4학년 때는 신종 플루의 유행으로, 중학교 3학년 때는 세월호 참사로 여러 학교 행사를 치르지 못했습니다. 고등학교 1학년 때는 메르스 사태로 수학여행을 가지 못했으며, 고등학교 3학년 때는 탄핵 정국으로 어수선한 가운데 공부해야 했습니다. 게다가 추석 황금연휴를 즐기지도 못했고 지진으로 수능 연기까지 경험했습니다.

토끼의 이미지는 다양합니다. 이솝 우화 '토끼와 거북이'에서는 재능만 믿고 게으름을 피우는 동물로 그려집니다. 달 속 계수나무

아래서 떡방아를 찧고 있는 토끼 설화도 있습니다. 토끼는 감수성이 뛰어나고 영민하며 다산과 풍요의 상징이기도 합니다. 한국민족문학대백과(한국학중앙연구원)에 따르면, 음양오행상 토끼띠의 시(묘시卯時)는 새벽이고, 방위는 정동正東, 계절은 초봄에 해당한다고 합니다. 이 책에는 "착한 천품을 타고난 토끼띠 생은 이상주의자이다. …(중략)… 앞길을 가로막는 장애물들을 간단히 뛰어넘으며 뛰어난 탄력으로 재난으로부터 벗어난다."고 쓰여 있습니다. 어둠과 추위에서 벗어나 만물을 생동시키는 토끼의 사주처럼 1999년생 토끼띠는 이 상황을 슬기롭게 헤쳐 나갈 겁니다. 부디 내일 아침 고사장에서 토끼의 재주와 영민함을 보여주기 바랍니다.

그들이 태어난 해에 '타임'지가 뽑은 20세기 인류 유산 대중음악 부문 1위는 비틀스였습니다. 비틀스의 노랫말로 수험생들의 마음이 따뜻해지면 좋겠습니다. "구름 덮인 밤일지라도 내일 날이 밝을 때까지 여전히 날 밝혀줄 빛은 있다네. Let it be."

동아일보, 2017.11.22.

**소크라테스
질문하기**

Q1 불안과 위험이 커질수록 종교에 의지하는가?

Q2 희망이 없는 삶은 존재 가치가 없는가?

Q3 특정 세대는 다른 세대보다 더 불행하거나 행복할 수 있는가?

**소크라테스
토론하기**

낙천주의자는 염세주의자*보다 더 행복한가?

염세주의자(厭世主義者) 염세주의를 따르거나 주장하는 사람. 염세주의는 세계나 인생을 불행하고 비참한 것으로 보며, 개혁이나 진보는 불가능하다고 보는 경향이나 태도를 말한다.

방탄소년단의 힘

하나의 기계가 돌아가듯 칼 군무를 추는 7명의 20대 힙합 소년들이 세계 음악계를 강타하고 있습니다. 방탄소년단(BTS)의 'DNA', 'MIC Drop', '봄날' 등이 전 세계 앨범 차트와 아이튠스 차트에서 전체 순위 1위를 석권하고 있으며, 미국 빌보드 싱글 차트(핫 100)와 앨범 차트(빌보드 200)에 연속 진입하고 있습니다. 2017 아메리칸 뮤직 어워즈(AMAs)에서 단독 라이브 무대를 서는 등 주요 시상식을 휩쓸고 있습니다. 미국 '피플'지는 방탄소년단을 '세계에서 가장 인기 있는 보이그룹'이라고 소개했고, 빌보드는 이들의 성공 비결을 '사회적 인식을 담은 아티스트적 접근'이라고 평가했습니다.

1980년대 '뉴 키즈 온 더 블록'에 열광하고 조용필 노래를 따라 불렀던 세대나 1990년대 '서태지와 아이들'에 빠져들었던 'X세대'

에게는 최근의 방탄소년단 열풍이 낯섭니다. 빅뱅, 트와이스, 엑소 등 뛰어난 아이돌 가수가 많은데도 방탄소년단의 해외 인기는 특별합니다.

어떤 이는 그들의 칼 군무와 강력한 퍼포먼스를, 어떤 이는 세련된 힙합 음악과 팬들과의 소통을 말합니다. 강력한 팬덤을 꼽기도 합니다. 7명의 소년들은 트위터, 유튜브(방탄밤), 브이라이브 등을 통해 팬들과 적극적으로 소통합니다. 방탄소년단 팬클럽 아미(A.R.M.Y.)는 천만대군입니다. 트위터 팔로어가 1,000만 명을 넘습니다. 빅뱅(142만 명)과 트와이스(169만 명)보다 훨씬 많습니다. 방탄소년단의 경우 미국, 일본 등 소셜네트워크서비스(SNS) 계정 해외 팔로어 비율이 약 88%라고 합니다. 이런 강력한 팬덤이 만들어진 이유는 무엇일까요.

그들의 음악 세계와 노랫말에 주목해 봅니다. 방탄소년단의 노랫말에는 달콤, 기쁨, 행복보다는 거친 세상에 부딪히는 아픔이 많습니다. '내 일주일 월화수목 금금금금'(고민보다 Go)처럼 뜻대로 되지 않는 세상을 일갈하며 '6포 세대'(쩔어)인 청춘들의 처지를 위로합니다. 사랑과 이별의 아픔 대신 각박한 현실 속에서 상처받고 힘들어하는 자들의 아픔과 소외감이 담겨있습니다. 인생의 민낯을 솔직히 드러내고 나만 힘든 게 아니라고 위로해 줍니다. '아 노력 노력 타령 좀 그만둬'(뱁새)라고 기성세대를 비판하거나, '억압만 받던 인생 네 삶의 주어가 되어봐'(No More Dream)라며 좌절하는 청춘을 일으킵니다. 방탄소년단의 노래는 사회 구조의 모순과 삶이 녹아 있는 리얼리즘적 비판 서사입니다.

지방 출신으로 비주류 기획사를 통해 성장했지만 자작곡을 만들 능력이 있고 노래, 춤, 영어 실력, 외모 등 모든 것이 우월한 우상들이 낮은 자세로 아픔을 어루만지며 소통하는 태도에서 팬들은 진정 세대 공감과 카타르시스를 느끼는 것 같습니다.

1990년대 초반 갈 곳 잃고 방황하는 청년들을 '교실 이데아'로 달래줬던 서태지와 아이들 역할을 이제 방탄소년단이 대신합니다. 세상의 거친 파도를 총탄에 비유한다면 '방탄'은 위로와 공감의 안전망이겠지요. 방탄소년단으로 인해 우리 대중문화의 저력이 드러나고 있으며 케이팝K-Pop의 지평이 확대되고 있습니다. 그 저력의 밑바탕은 세계와 공감할 수 있는 콘텐츠와 실력이 아닐까요?

동아일보, 2017.12.06.

소크라테스 질문하기

Q1 케이팝만의 차별적 매력은 무엇인가?

Q2 대중들은 왜 스타에 열광하는가?

Q3 방탄소년단의 공감과 위로의 힘은 어디서 나오는가?

Q4 예술이 인간의 조건을 바꿀 수 있는가?

소크라테스 토론하기

예술은 사회 통합에 기여하는가, 차별화에 기여하는가?

우리 안의 이방인

머리를 곱게 땋은 채 분홍색 한복을 휘날리며 빙판 위에서 한 마리 새처럼 날아다니는 여자 선수가 눈길을 끌었습니다. 한복을 입고 스케이팅하는 모습 자체가 신선했습니다. 하늘색 한복을 입고 그와 호흡을 맞춘 남자 선수는 푸른 눈의 외국인이었습니다. 얼마 전 평창 동계 올림픽 피겨스케이팅 아이스댄스 경기에 나선 한국 국가대표 민유라와 알렉산더 겜린입니다. 그들은 소향의 '홀로 아리랑' 선율에 따라 애절한 눈빛과 표정, 그리고 섬세한 몸짓으로 한국적인 정서를 서정적으로 표현했습니다.

민유라는 미국에서 나고 자란 재미교포이고, 겜린은 미국인으로서 지난해 7월 특별 귀화로 한국 국적을 얻은 선수입니다. 성적을 떠나 민유라-겜린 조는 가슴 뭉클한 감동을 선사하며 강한 인상을 남겼습니다.

이외에도 많은 귀화 외국인 선수가 한국 대표로 올림픽에 출전했습니다. 러시아에서 귀화한 티모페이 랍신, 안나 프롤리나, 예카테리나 에바쿠모바(이상 바이애슬론), 노르웨이인 아버지와 한국인 어머니 사이에서 태어나 한국 국적을 취득한 김 마그너스(크로스컨트리), 미국에서 귀화한 이미현(프리스타일 스키), 독일 국가대표 출신 에일린 프리쉐(루지), 캐나다 등에서 귀화한 멧 달튼 외 6명(남자 아이스하키), 미국 등에서 귀화한 랜디 희수 그리핀 외 3명(여자 아이스하키)이 한국 대표로 출전했습니다. 한국은 이번 평창 동계 올림픽에 144명을 출전시켰는데 이 가운데 19명(13%)이 귀화 선수였습니다. 이들은 비록 메달을 따지 못했지만 겨울 스포츠의 저변을 넓히는 데 크게 기여했습니다.

한때 우리나라는 민족의식을 고취하고자 한민족 순혈주의를 강조했던 적이 있습니다. 단일 민족 국가임을 자랑삼아 이야기하기도 했습니다. 그러니 이번처럼 스포츠에서 대거 귀화인들이 눈에 띈 것은 주목할 만합니다. 낯선 풍경이지만 사실은 오래전부터 우리는 이미 다민족·다인종 국가로 접어들었습니다. 로버트 할리, 이다도시, 이자스민 등은 이미 우리나라 대중에게 친숙한 이름들입니다.

최근 국제결혼 등으로 베트남, 일본, 중국은 물론이고 미주와 유럽에서 온 많은 외국인이 한국 국적을 얻어 국내에 살고 있습니다. 2017년 기준 204만 명의 외국인이 국내에 거주하고 있으며, 매년

만 명 이상이 한국 국적을 새로 취득한다고 합니다. 다문화 가정 자녀도 20만 명에 이르며 학령인구에 진입했습니다.

기업, 자본, 사람들이 자유롭게 국경을 넘나드는 오늘날 순혈주의적 단일 민족은 하나의 이데올로기에 불과합니다. 이민자들과 함께하는 다문화 사회는 매우 빠르게 진행되는 저출산, 고령화 문제를 해결할 수 있는 방안이기도 합니다. 개방적 태도로 이방인들을 포용하여 그들의 재능과 기술을 적극 활용해야 합니다. 이번 평창 동계 올림픽은 귀화 선수들의 능력과 기술이 우리 사회에 어떻게 보탬이 될 수 있는지를 보여줬습니다.

초국가적 경쟁 시대에 우리 안의 이방인들이 가진 인적 네트워크를 잘 활용하면 우리의 국력이 그만큼 커질 것입니다. 마치 '샐러드볼'처럼 다양성을 인정하면서 각자의 개성을 발휘한다면 더 강한 국가 역량을 만들어 낼 수 있을 겁니다. 우리와 그들 사이에 배타적 경계선이 있다면 그것을 과감히 지우고 공존하는 것이 숙명입니다. ✒동아일보, 2018.02.28.

소크라테스
질문하기

Q1 민유라와 알렉산더 겜린 선수는 한국인인가, 외국인인가?

Q2 비주류 문화(마이너리티 문화)는 주류 문화에 동화되어야 하는가?

Q3 단일 민족 국가는 다민족 국가보다 국가 역량 강화에 유리한가?

Q4 한 국가 안에서 언어와 인종이 다양해지면 사회 통합이 저해되는가?

소크라테스
토론하기

이방인에 대한 차별은 자유의 영역에 속하는가?

06

별이 된 스티븐 호킹

만약 아리스토텔레스, 뉴턴, 아인슈타인, 프로이트, 마르크스 등과 같은 시대에 살고 있다면 그 기분은 어떨까 하고 상상해 본 적이 있습니다. 그래도 빌 게이츠, 스티브잡스, 마크 저커버그, 그리고 스티븐 호킹과 동시대인임을 행복으로 여기고 싶습니다.

2018년 3월 14일 천재 물리학자 스티븐 호킹(1942~2018)이 76세를 일기로 삶을 마감했습니다. 그 자신이 연구 인생을 바친 우주 속으로 하나의 별이 되어 떠났습니다. 호킹 박사는 생전 칼 세이건(미국), 킵 손(미국) 등과 친밀히 교류했다고 하니 우주를 품은 천재 물리학자들의 대화는 얼마나 재미있었을까 궁금해집니다.

1966년 '확장하는 우주의 성질들'로 영국 케임브리지대에서 박사학위를 취득한 호킹은 1970년 아인슈타인의 일반 상대성이론이 예측한 블랙홀과 빅뱅의 존재를 수학적으로 증명했습니다. 5년 뒤 모든 것을 빨아들이기만 한다고 여겨졌던 블랙홀이 빛(전자기파)을 내뿜기도 한다는 '호킹 복사' 이론을 발표합니다.『시간의 역사』(1988),『호두껍질 속의 우주』(2001) 등의 책을 내며 뉴턴과 아인슈타인의 계보를 잇는 이론 물리학자의 반열에 오릅니다. 아인슈타인이 태어난 3월 14일(1879) 호킹이 영면에 들었으니 우연조차도 우주의 섭리 속에 있는 모양입니다.

호킹은 21세에 근위축성 측삭경화증(루게릭병) 진단을 받았습니다. 뇌와 척수의 운동 세포가 파괴되어 머리조차 가눌 수 없는 치명적 장애를 딛고 이루어 낸 업적이라 더욱 경이롭습니다. 그의 뇌 속에서 그려진 우주는 컴퓨터 음성 재생 장치를 통해 윤곽을 드러냈습니다. 호킹은 "인생이 재미없다면 그것은 비극이다."라는 말을 남겼습니다. 멀쩡한 몸으로 하루하루를 재미없게 사는 사람들에게 일침이 되는 말입니다.

불치의 장애를 가지고 어떻게 인생을 재미있게 살 수 있었을까요. 아마 공부하는 재미였을 겁니다. 미지의 세계를 알아가는 재미를 고스란히 느끼며 살았을 테니 행복했겠지요. 공부의 재미는 지적 호기심이 충만한 사람들이 갖는 특권입니다. 고대 그리스의 아르키메데스가 목욕탕에서 부력의 원리를 발견하고 '유레카'라고 외치며 알몸으로 뛰쳐나왔다는 유명한 이야기가 있습니다. 얼마나 앎의 기쁨이 컸으면 그랬을까요. 관점과 호기심에 따라 공부가 짐이 될 수도 있고 재미있는 일이 될 수도 있습니다. 공부의 재미에 푹 빠진 청소년들이 많을수록 교실에는 행복의 기운이 돌겠지요.

호킹은 "물리학과 수학은 우주가 어떻게 시작되었는지 말해줄 수는 있지만 인간의 행동을 예측하는 데는 별 쓸모가 없다."라고 했습니다. 인간이 빚어내는 세계는 인문학과 사회과학에 답이 있으니 통섭과 융합의 필요성을 넌지시 알려준 메시지라고 해석하고 싶습니다.

호킹의 삶은 우리를 성찰하게 합니다. "아무리 어려운 인생이라도 당신이 할 수 있고 성공할 수 있는 것은 언제나 있다."라는 말은 우리의 나태함을 깨우는 회초리입니다. 꿈을 잃고 현실에 안주하며 도전하지 않는 자들을 향해 호킹은 "당신 발을 내려다보지 말고 고개를 들어 별을 바라보라."라고 질타합니다.

요즘 학생들은 물리학을 어렵다고 여기고 기피합니다. 전국 최고의 수재들이 물리학과로 몰려들었던 시절(1980년대~1990년대 중반)이 아득합니다. 의대 선호 과잉 속에서 기초 과학의 재미에 빠져드는 미래 인재들을 학수고대합니다. 동아일보, 2018.03.21.

**소크라테스
질문하기**

Q1 불치의 장애를 가지고 있던 스티븐 호킹 박사가 자신의 인생이 재미있었다고 스스로 평가한 이유가 무엇인가?

Q2 학문의 통섭*과 융합이 필요한 이유가 무엇인가?

통섭(統攝) '큰 줄기를 잡다' 또는 '전체를 도맡아 다스린다', 즉 '서로 다른 것을 한데 묶어 새로운 것을 잡는다'는 의미이다. 학문적으로 인문·사회과학, 자연과학 등 서로 다른 분야의 학문을 통합해 새로운 것을 만들어내는 범학문적 연구를 일컫는다.

Q3 공부는 인간을 행복하게 하는가?

**소크라테스
토론하기**

우리는 과학적으로 증명된 것만을 진리로 받아들여야 하는가?

07

아기 울음소리

요즘 집집마다 아기 울음소리보다 강아지 짖는 소리가 더 자주 들린다고 합니다. 아이 낳기를 꺼리고 반려견을 키우는 집은 날로 늘고 있으니 그럴 만합니다. 2017년 합계 출산율(가임 여성 1명이 평생 동안 낳을 수 있는 평균 자녀 수)이 1.05명에 불과하고 출생아 수가 35만 7,700명으로 떨어졌습니다. 2016년 1.17명보다 더 낮아져 1970년 출생 통계 작성 이후 최저치입니다.

전체 인구 중 65세 이상 노인 인구가 7%를 넘으면 고령화 사회, 14%를 넘으면 고령 사회, 20%를 넘으면 초고령 사회라 합니다. 우리나라는 2017년 8월 말 65세 이상 인구가 14.02%로 고령 사회로 진입했습니다. 더 큰 문제는 그 속도입니다. 세계에서 유례를 찾기 힘들 정도로 빠르게 고령화되고 있습니다. 생산 가능 인구(15~64세) 100명당 65세 이상 인구수를 의미하는 노년 부양비는 2017년 기준 18.8명으로, 생산 가능 인구 5.3명이 노년층 인구 1명을 부양하고 있습니다. 이 추세대로라면 머지않아 생산 가능 인구 4명이 노년층 인구 1명을 부양해야 합니다.

일본이 초고령 사회로 진입함과 동시에 장기 저성장 국면에서 벗어나지 못하는 것처럼 우리나라도 잠재 성장률이 2% 미만으로 떨어져 저성장의 늪에 빠질 우려가 있습니다. 일하고 세금 낼 사람이 줄어들고 구매력이 떨어지기 때문에 당연한 수순입니다. 저출산은 저성장과 일자리 감소로 이어지고 이는 만혼晩婚을 더욱 부추기며, 이것이 다시 저출산으로 이어져 악순환의 덫에 걸리게 됩니다. 노년층 인구에 대한 복지 예산 증가로 국가 재정에도 상당한 부담이 됩니다. 그러니 저출산 문제는 외환 위기나 금융 위기보다 더한 사회적 대재앙입니다.

출산 문제는 더 이상 개인의 문제가 아닙니다. 국가가 출산, 양육, 교육, 혼인, 주거, 복지 등 생애 주기 전체에 책임감 있게 적극 개입해야 하는 국가적 문제입니다. 저출산 문제를 국가 의제로 설정하여 대응에 나선 것은 2004년부터입니다. 2005년에 적정 인구를 유지하고 국가의 지속적인 발전을 도모하기 위해 저출산·고령사회기본법을 만들었고, 3차에 걸쳐 5개년 계획을 추진하고 있습니다. 하지만 지난 10여 년간 저출산을 탈출하기 위해 무려 100조 원 규모의 재정을 투입했는데도 출생아 수가 역대 최저를 기록했다는 점은 충격입니다.

그간의 노력으로 출산과 양육 관련 제도가 개선되고, 일·가정 양립을 지원하는 기반도 확충됐으며, 저출산에 대한 문제의식도 확산됐습니다. 그럼에도 불구하고 출산 기피 현상은 갈수록 심해지는 것 같습니다. 사설 보육비와 사교육비, 혼인 비용, 취업난과 저임금 구조, 주거 비용 등 구조적으로 얽혀 있는 문제들이 기존의 정부 지원 효과를 상쇄하여 출산에 대한 심리적 부담이 됩니다.

저출산은 만혼 및 비혼非婚 현상과 밀접한 관련이 있습니다. 결혼하지 않거나 하더라도 늦은 나이에 결혼하니 출산을 더 하고 싶어도 못합니다. 늦게 결혼하는 주된 이유는 안정적 일자리 부족과 감당할 수 없는 주거 비용입니다. 새 정부가 저출산고령사회위원회를 설치하여 인구 문제에 적극 대응하고 있는 것은 고무적입니다. 아기 키우는 비용보다 편익이 크다면 아기를 낳지 말라고 해도 낳을 겁니다. 아기 키우는 것이 짐이 아니라 행복인 사회를 만드는 것, 우리가 반드시 풀어야 할 엄중한 과제입니다. 아기 울음소리는 곧 국력입니다. ✐동아일보, 2018.03.07.

소크라테스
질문하기

Q1 고령화 속도가 빨라지면 왜 성장 잠재력이 떨어지는가?

Q2 정부의 지속적 대책에도 불구하고 왜 출산 기피 현상이 갈수록 심해지는가?

Q3 필자가 '아기 울음소리가 곧 국력'이라고 한 이유는 무엇인가?

Q4 출산율을 높이기 위해 정부의 보조금을 인상해야 하는가?

소크라테스
토론하기

저출산으로 인한 인구 감소 문제를 해결하기 위해 외국인 노동자를 적극 활용하는 것을 지지하는가?

08

'드루킹 사건'과
노엘레 노이만의 '침묵의 나선 이론'

부하 여직원과의 스캔들로 탄핵 위기에 처한 미국 대통령을 구하기 위한 비밀 작전이 전개됩니다. 백악관 참모들은 극비리에 할리우드 최고 연출가를 섭외해 핵 가방을 들고 국경을 침투하는 알바니아와 미국 특공대의 전투 장면을 연출합니다. TV를 통해 미국 전역에 중계되고 국민들의 관심은 온통 그쪽에 집중됩니다. 그러는 사이 대통령의 스캔들은 관심에서 멀어집니다. 이 모든 것들은 스튜디오에서 조작된 화면이었습니다.

'왝더독Wag the Dog(1997)'이라는 영화의 줄거리입니다. 개가 꼬리를 흔드는 것이 아니라 꼬리가 개를 흔든다는 의미를 가진 '왝더독'은 대중 매체(꼬리)에 의해 대중(몸통)이 조작당하는 현실을 꼬집은 영화입니다.

이처럼 특정 목적을 가지고 여론을 조작하고자 하는 시도는 예부터 있었습니다. 최근에는 인터넷과 소셜미디어를 이용한 여론 조작이 심각한 사회 문제로 떠오르고 있습니다. 근래 가장 뜨거운 이슈는 '드루킹 사건'이었습니다. 드루킹이라는 필명으로 활동하는 자가 인터넷 포털 사이트에 올라온 뉴스 댓글을 조작해 여론에 영향을 끼친 사건입니다. 수백 개의 타인 아이디를 도용하여 '매크로'라는 프로그램을 통해 '공감' 수를 빠르게 늘리는 방식으로 여론을 조작한 겁니다. 댓글에 공감 또는 비공감 수를 조작하는 것이 어떻게 여론에 영향을 끼칠 수 있을까요. 독일 출신 언론학자 엘리자베트 노엘레 노이만(1916~2010)의 '침묵의 나선 이론'(1974)으로부터 가설 수준의 단초를 찾을 수 있습니다.

찬반이 갈리는 주제에 대해 자기 입장이 다수 의견과 같으면 적극적으로 표현하지만 소수 의견과 같으면 침묵한다는 이론입니다. 대중이 침묵하는 이유는 고립에 대한 두려움 때문이라고 노엘레 노이만은 주장합니다. 이 이론이 타당하다면 특정 뉴스에 공감을 선점하는 것으로 여론의 향방을 바꾸는 것이 가능합니다. 민주 정치는 여론 정치입니다. 여론 조작은 민주주의를 좀먹는 행위입니다.

하지만 드루킹 사건의 핵심인 여론 조작 행위를 직접 처벌하기는 어렵습니다. 법이 미비하기 때문입니다. 형법상 업무 방해죄를 적용하여 처벌 근거를 찾을 수는 있으나, 여론 조작 행위 자체를 범죄 구성 요건으로 하는 법 규정은 없습니다.

컴퓨터 등 물질문화는 빠르게 발전하는 데 비해 그를 뒷받침할 제도나 사람들의 의식은 뒤처지는 현상을 이미 통찰한 학자가 있습니다. '문화 지체cultural lag'라는 개념으로 설명한 미국의 사회학자 윌리엄 필딩 오그번(1886~1959)입니다. 지난주 국회에서는 '정보통신망 이용촉진 및 정보보호 등에 관한 법률' 개정안(일명 '드루킹 방지법')이 발의됐습니다. 누구든지 대여·도용한 타인의 개인 정보를 이용하여 여론 조작 등 부정한 목적으로 게시판에 댓글 등 정보를 게재·입력하는 것을 금지하는 내용입니다. 적절한 제도가 마련되고 의식이 뒤따른다면 물질문화의 급격한 발전에 따른 부작용을 최소화할 수 있지 않을까요. ▮동아일보, 2018.04.25.

소크라테스
질문하기

Q1 인터넷 댓글이 여론에 영향을 끼치는 이유가 무엇인가?

Q2 사람들이 주류 의견과 다른 소수 의견을 내지 않고 침묵하는 이유가 무엇인가?

Q3 우리 주변에서 볼 수 있는 문화 지체 현상의 구체적 사례를 들어보라.

소크라테스
토론하기

다수의 의견이 소수의 의견보다 진리에 가까운가?

09

'트레이시 크라우치'와 외로움

"네가 만약 외로울 때면 / 내가 위로해 줄게 / 네가 만약 서러울 때면 / 내가 눈물이 되리 / 어두운 밤 험한 길 걸을 때 / 내가 내가 내가 너의 등불이 되리."

가수 윤복희가 부른 '여러분'(1979)의 노랫말 중 일부입니다. 오래전 노래이지만 아직도 좋아하는 사람이 많습니다. 외로움을 타는 것은 인간이 피할 수 없는 숙명과도 같은 것일까요. 우리 인간은 수많은 문학 및 예술 작품, 노래를 통해 외로움에 접근했지만 개인의 숙명으로 당연시했습니다. 개인 성향과 상황에 따라 외로움을 타는 정도가 다르니 그럴 만도 합니다.

그런데 올해 초 테리사 메이 영국 총리가 트레이시 크라우치 체육·시민사회장관을 '외로움 문제'를 담당할 장관(Minister for Loneliness)으로 겸직 임명했습니다. 그간 개인의 문제로 여겨졌던 '외로움'을 사회적 문제로 인식했다는 점에서 매우 흥미롭습니다. 빈부 격차와 실업 문제 등은 진작부터 사회적 문제로 보고 정부가 개입하고 있지만 이제 외로움 문제도 개인의 영역으로 놔두기 어렵다는 공감대가 생긴 듯합니다.

2018년 4월에 영국에서 발표되었던 '외로움에 대한 실태 조사'(2016~2017)가 주목을 끕니다. 크라우치 장관 주도로 사회적 고립과 단절, 그리고 외로움 문제에 대한 국가적 차원의 조사가 진행됐습니다. 조사에 따르면 영국 16세 이상 인구의 5%가 외로움을 항상 그리고 자주 느끼고 있으며 16%는 때때로, 2%는 가끔 느낀다고 합니다.

우리나라 상황은 어떨까요. 2018년 4월 한국리서치에서 19세 이상 성인 1,000명을 대상으로 실시한 조사가 눈에 띕니다. 응답자의 26%가 항상 그리고 자주 외로움을 느낀다고 답했고, 외로움을 느끼지 않는다는 응답은 23%에 불과했다고 합니다.

우리나라 사람들의 외로움 문제도 이제 남의 문제가 아닌 것이죠. 한 연구에 따르면 행복감과 외로움은 서로 반비례 관계에 있는 것으로 조사됐습니다. 즉, 외로움을 느끼는 감정이 클수록 행복도가 낮다는 겁니다. 사회적 차원에서는 사회 병리 현상과 일탈로 이어져 무질서가 증가합니다. 외로움을 느끼는 성별 차이는 유의미하지 않았지만 젊은 세대, 미혼자, 1인 가구 등에서 외로움을 느끼는 비율이 높게 나타났습니다.

미국의 사회학자 데이비드 리스먼(1909~2002)은 '고독한 군중 (The lonely crowd)'(1950)이라는 개념으로 현대인의 외로움에 접근했습니다. 대중사회를 살아가는 대중들은 모래알같이 유대가 단절된 채 단지 모여 있는 꼴이기 때문에 고독할 수밖에 없다고 진단했습니다.

그보다 앞서 '결속력'이라는 사회학적 변수를 통하여 자살 문제를 설명한 학자가 있었습니다. 프랑스 사회학자 에밀 뒤르켐(1858~1917) 입니다. 뒤르켐의 『자살론』(1897)에 따르면 자살은 개인 심리학적 문제라기보다는 사회적 문제입니다. 뒤르켐은 개신교 신자가 가톨릭교 신자보다 자살률이 높은 이유가 사회 통합과 규제의 정도가 낮기 때문이라고 주장합니다. 기혼보다 미혼이, 전시보다 평시에 자살률이 높은 것도 같은 이유라고 분석합니다.

사회적 관계망 속에서의 유대와 결속력이 인간의 외로움 정도에 중요한 영향을 끼치는 것은 분명해 보입니다. 그러니 외로움과 사회적 단절 문제를 사회적 문제로 인식하고 정부가 개입하여 적극적인 해결을 모색하는 것을 그리 낯설게만 볼 일은 아닌 듯합니다.

동아일보, 2018.05.16.

Q1 사회적 존재인 인간은 왜 외로움에서 벗어날 수 없는가?

Q2 현대인의 외로움은 과거 세대의 외로움과 다른가?

Q3 소셜네트워크서비스(SNS)를 통한 소통이 많을수록 외로움은 줄어드는가?

Q4 인간의 외로움은 개인적 문제인가, 사회적 문제인가?

소크라테스
토론하기

개인의 외로움 문제를 해결하기 위해 정부가 나서서 예산을 사용하는 것에 찬성하는가?

10

손흥민의 눈물

환호와 탄성이 교차한 2018년 6월 24일 새벽, 2018 러시아 월드컵 멕시코전에서 2 대 1로 패한 후 손흥민은 눈물을 흘렸습니다. 멋진 중거리 슛을 성공시켰음에도 불구하고 팀이 패한 것에 대해 공격수로서 많은 아쉬움과 책임감을 느끼는 것 같았습니다.

스포츠의 세계는 냉혹하며 뜻대로 되지 않는 경우가 많습니다. 실력에 따라 승과 패가 갈리는 스포츠에서 결과에 대한 부담을 선수가 오롯이 짊어질 필요는 없습니다. 손흥민의 눈물은 낯설기도 하고 신선하기도 합니다. 가부장적 문화 속에서 남자의 눈물은 흘리지 말아야 할 금기의 대상이기 때문일 테지요. 무언가 답답하고 힘들어 차라리 울어버리고 싶은 우리 국민들의 심정을 손흥민의 눈물이 대신한 듯합니다. 국민들의 마음도 함께 뭉클했습니다.

국가 대항전 축구에는 우리의 지나친 애국주의가 투영되어 있습니다. 길거리 응원, 치맥(치킨과 맥주)과 함께 하는 응원 등 즐기는 문화 이면에 국위선양과 병역 면제라는 애국주의가 깔려 있습니다. 이전과 달리 태극기 응원이 줄어든 점도 흥미롭습니다. 대통령 탄핵 정국에서 태극기에 부정적 낙인이 찍힌 것이 안타깝습니다. 평소 축구장에 가지 않던 국민들도 월드컵에는 광적으로 몰입합니다. 그러니 선수가 실수하거나 팀이 패했을 때 엄청난 비난이 쏟아집니다. 선수들이 받는 압박감은 상상할 수 없을 정도일 겁니다.

축구는 11명이 하나의 유기체처럼 움직이는 스포츠입니다. 아무리 뛰어난 선수가 있다 하더라도 조직 속에 융화되지 않으면 힘을 발휘하기 어렵습니다. 2018년 6월 26일 현재 세계 최고의 공격수 리오넬 메시(FC 바르셀로나)를 보유한 아르헨티나는 1무 1패로 고전하고 있습니다. 프리미어리그 득점왕 무함마드 살라흐(리버풀)를 보유한 이집트는 3패로 예선 탈락했습니다. 세계적인 공격수 손흥민(토트넘)을 보유한 우리 역시 전패를 우려하고 있는 처지입니다.

소속팀에서 그토록 잘하던 선수들이 국가대표팀에서는 왜 제 기량을 발휘하지 못하는 것일까요. 토트넘에서의 손흥민과 한국 대표팀에서의 손흥민은 완전히 다른 유기체의 일부분입니다. 역할과 움직임이 다르고 볼 배급도 다릅니다. 토트넘에서는 30m만 달리면 되지만, 대표팀에서는 50m 이상 달려야 합니다. 상대 수비수를 따돌리고 달려서 공간을 확보해도 패스를 받아줄 동료가 없습니다.

빠른 스피드로 적진 사이를 빠져 나가고 싶어도 키패스가 공급되지 않습니다. 손흥민의 눈물에는 말 못할 많은 사연들이 담겨 있는 듯합니다.

전체는 부분의 산술적 합이 아닙니다. 부분이 모여 전체가 되는 순간 전체는 독자적으로 실재하는 구조가 됩니다. 축구는 선수 개인의 능력만으로 설명되지 않습니다. 리더십과 전술, 정신력, 체력, 조직력이 합해져서 한 팀의 전력이 나옵니다.

1996년 어느 날 31전 31승으로 승승장구하던 독일의 복싱 영웅 헨리 마스케의 은퇴 경기가 열렸습니다. 화려하게 은퇴 경기를 하고 싶었던 그의 바람과 달리 마스케는 도전자에게 패하고 맙니다. 쓸쓸히 링을 내려오는 마스케를 향해 관중들은 약속이나 한 듯 일제히 기립하여 노래를 부르기 시작합니다. 안드레아 보첼리와 세라 브라이트먼이 불렀던 '타임 투 세이 굿바이'였습니다. 이런 감동을 빼면 스포츠는 의미 없습니다.

스포츠가 아름다운 것은 승패보다는 최선을 다하는 선수들의 땀과 열정 때문 아닐까요. 다가오는 27일 독일과의 조별 예선 최종전, 기적이 아닌 최선을 바라봅니다. 그리고 최선을 다했다면 결과와 관계없이 박수를 쳐 줍시다. 동아일보, 2018.06.26.

Q1 손흥민(한국, 토트넘)과 리오넬 메시(아르헨티나, FC 바르셀로나) 등 세계적 선수들의 경기력이 왜 소속팀과 자국 대표팀에서 달리 나타나는가?

Q2 팀의 경기력은 선수 개인 능력의 산술적 합과 같은가?

Q3 2018 러시아 월드컵에서 스웨덴과 멕시코에 진 한국이 독일을 이겼다. 이를 사회 현상에 대한 관점에서 설명해 보라.

소크라테스
토론하기

국위선양에 기여한 선수에 대한 군 면제 제도를 지지하는가?

11
레이코프의
'프레임 이론'

1970년대 어느 날 맥도날드가 지렁이로 햄버거 패티를 만든다는 괴소문이 돌았다고 합니다. 맥도날드는 즉각 '우리 햄버거에는 지렁이가 들어 있지 않습니다.'라는 문구를 매장에 써 붙이면서 반박에 나섰지만 매출은 곤두박질쳤습니다. 맥도날드는 이미 '프레임frame'에 빠져버렸기 때문입니다. 문구를 보는 순간 사람들은 직관적으로 '지렁이'를 떠올리게 되고 햄버거를 먹을 맛이 떨어진 것이지요.

코끼리라는 말을 들으면 긴 코와 서커스를 떠올리게 되는 것처럼 특정 현상이나 사물에 대해 이미 규정되어 버린 직관적 인식의 틀을 '프레임'이라 합니다. 미국 버클리대 조지 레이코프(1941~) 교수는 "가장 최악의 대응은 어떤 공격에 대해 그것을 반복하면서 방어하려는 것이다. 프레임은 부인할수록 오히려 활성화된다."라고 말했습니다. 마치 "코끼리를 생각하지 마세요."라고 하면 코끼리가 더 떠오르는 것과 같은 것이지요.

레이코프의 프레임 이론에 따르면 프레임이란 '특정한 언어와 연결되어 연상되는 사고의 체계'라고 합니다. 그의 이론에 따르면 전략적으로 짜인 틀을 제시하여 대중의 사고를 먼저 규정하는 쪽이 정치적으로 승리하며, 이 규정된 틀을 반박하려고 노력하면 할수록 오히려 그 프레임을 더욱 더 강화하는 딜레마에 빠지게 된다고 합니다.

지난해 대통령 선거 과정에서 유명한 일화가 있습니다. 생방송 TV 토론 과정에서 안철수 후보는 문재인 후보에게 대뜸 "제가 MB 아바타입니까?"라고 거듭 묻습니다. MB 아바타가 아니라고 강변하는 과정에서 나온 질문이지만 사실 여부와 관계없이 안철수 후보는 'MB 아바타' 프레임에 갇혀 불리한 입장에 처하고 맙니다.

전 세계적으로 오랫동안 특정 인종이나 종교, 지역, 성별 등에 프레임을 씌워 차별을 정당화하는 데 이용해 왔습니다. 우리 사회에서도 '빨갱이', '수구꼴통', '김치녀', '한남', '맘충' 같은 생경한 단어로 특정 대상을 프레임에 가두어 날을 세우는 모습이 보였습니다. 지난번 대통령 탄핵 국면에서 태극기도 엉뚱하게 부정적 프레임에 갇힌 적이 있습니다. 2018 러시아 월드컵 때 길거리 응원을 나온 시민들이 과거와 달리 태극기를 적게 들었던 것은 바로 이러한 프레임이 영향을 끼쳤기 때문이기도 합니다.

맥도날드가 지렁이 프레임을 벗어나는 데 힘들었던 것처럼 한 번 덧씌워진 프레임을 전환하는 것은 매우 어렵습니다. 그럼에도 불구하고 정치권에서는 프레임을 통해 쉽게 정치적 우위를 장악하고자 하는 시도가 반복될 겁니다. 영리병원 문제만 해도 그렇습니다. 영리병원은 의료 서비스의 양극화와 건강보험 체계의 붕괴라는 프레임에 갇혀 논의의 진전이 가로막혀 있습니다. 최근에도 최저 임금 인상, 대입 제도 개편 등 수많은 이슈를 둘러싸고 프레임 전쟁이 복잡하게 전개되고 있습니다.

프레임은 양면성을 갖고 있습니다. 복잡한 상황의 맥락을 이해하는 데 도움이 될 수도 있지만 사실의 객관적 인식에 장애가 되기도 합니다. 특정 프레임에 얽매여 있으면 열린 사고가 어려워 편견에 사로잡힐 수 있습니다. 서로 다른 프레임끼리 맞붙으면 갈등으로 확산되기도 합니다. 프레임이 강화될수록 합리적 설득이나 토론은 어렵습니다. 비판적 성찰을 통해 프레임(액자) 속에 있는 사진을 제대로 보는 혜안이 필요합니다. ⚲동아일보, 2018.08.08.

소크라테스
질문하기

Q1 '프레임'은 현실 인식의 유용한 도구인가, 장애물인가?

Q2 '프레임'에 갇히면 빠져나오기 어려운 이유가 무엇인가?

Q3 '프레임'은 사회 통합을 강화하는가?

소크라테스
토론하기

언어는 지배의 수단인가, 해방의 수단인가?

12

박항서 매직

박항서 베트남 23세 이하(U-23) 축구대표팀 감독이 2018 자카르타-팔렘방 아시안게임 남자 축구 조별 예선에서 일본을 1 대 0으로 꺾고 영웅담의 한 페이지를 또다시 장식했습니다. 베트남이 국가 대항전에서 일본을 이긴 것은 이번이 처음입니다. 베트남 대표팀은 예선전 3경기에서 6득점하는 동안 실점은 0일 정도로 조직력이 탄탄합니다.

박 감독이 이끄는 대표팀은 1월 중국에서 열린 아시아축구연맹(AFC) U-23 대회에서 강호들을 차례로 물리치고 준우승을 달성하며 베트남의 영웅으로 떠올랐습니다. 베트남에서 박 감독의 인기는 2002 한일 월드컵 당시 거스 히딩크 감독의 인기를 능가하는 것 같습니다. 어퍼컷 세리머니도 히딩크와 꼭 닮았습니다. 베트남 언론은 '박항서 매직'을 대서특필하고 있고 소셜네트워크서비스

(SNS)에서는 박 감독의 귀화를 요청하는 글까지 등장했다고 합니다. 박 감독은 지드래곤, 송중기 등과 함께 이미 한류스타의 대열에서 있습니다.

오랫동안 베트남은 축구의 변방이었습니다. 그런 베트남 국민들이 축구에 열광하고 있습니다. 민족적 자존심이 강한 베트남 사람들은 '우리도 할 수 있다.'는 열망을 축구를 통해 드러내고 있습니다. AFC U-23 대회 준우승 뒤 베트남의 한 고등학교 논술 시험에 '"최선을 다했는데 왜 고개를 숙이느냐?"라고 한 박 감독의 말에 대해 어떻게 생각하는지 당신의 생각을 논하라.'란 문제가 출제되기도 했습니다.

베트남 U-23 대표팀의 모습을 보면서 2승 1패로 간신히 예선을 통과한 한국 U-23 대표팀의 모습이 중첩되어 보입니다. 김학범 감독이 이끄는 한국 대표팀은 주전을 6명이나 쉬게 하는 등 자만하는 태도를 보인 끝에 약체 말레이시아에 2 대 1로 패했습니다. 후반전 뒤늦게 손흥민을 투입하였으나 때는 이미 늦었습니다. 최선을 다하는 베트남 대표팀과 교만을 보인 한국 대표팀이 극명하게 비교됐습니다. 한국 대표팀 사령탑과 선수들에게 비판의 화살이 향하는 것은 당연한 일입니다.

'교병필패騎兵必敗'라는 고사성어가 있습니다. 중국 전한시대 『한서漢書』의 '위상전魏相傳'에 나오는 말로 교만한 군대는 반드시 패한다는 뜻입니다. 철저히 준비하여 이기는 상황을 만들어 놓되 절대로 자만해선 안 된다는 교훈을 함축하는 말입니다. 교병이 필패하는 이유는 무엇일까요. 이기면 교만해지고, 교만해지면 자신의 능력을 과대평가하고 적의 능력을 과소평가하기 때문입니다. 2010년 삼성전자의 실적이 고공 행진하고 있는 분위기에서 삼성그룹이 임직원을 향해 '교병필패'를 주문한 일화는 유명합니다.

최근 아시안게임 축구 경기를 통해 우리는 큰 교훈을 얻었습니다. 교만한 태도가 어떤 결과를 초래할 수 있는지, '교병필패'의 정신으로 무장하면 어떤 힘을 낼 수 있는지 한국과 베트남 축구를 통해 목격했습니다.

언젠가는 베트남 축구팀도 패할 겁니다. 하지만 사람들은 경기의 승패를 떠나 교만하지 않고 최선을 다한 베트남 대표팀의 모습에 박수를 보낼 가능성이 높습니다. 상황에 적절히 대처하는 것, 할 수 있다는 자신감을 갖는 것, 최선을 다하는 것, 결과에 당당한 것이 박항서 매직의 본질이 아닐까요. 🏆동아일보, 2018.08.22.

소크라테스
질문하기

Q1 사람들이 축구나 농구, 야구와 같은 스포츠에 열광하는 이유가 무엇인가?

Q2 국가대표 축구팀의 국제대회 성적이 좋을수록 국가 위상이 높아지는가?

Q3 일상생활에서 '교병필패'를 경험한 적이 있는가?

소크라테스
토론하기

박항서 감독이 이끄는 베트남 축구대표팀은 자카르타-팔렘방 아시안게임에서 사상 최초로 4강에 진출하였고, 아세안축구연맹(AFF) 스즈키컵에서는 10년 만에 우승하였다. 최근 아시아의 축구 강호가 모두 참가한 아시아축구연맹 아시안컵에서는 12년 만에 8강에 진출하는 위업을 세우는 등 박항서 매직이 계속 이어지고 있다. 이렇듯 최선을 다했다면 결과와 관계없이 아름다운가?

13

한화 한용덕 감독의 리더십

588-6899. 전화번호가 아닙니다. 프로야구 한화 이글스가 2008년부터 2014년까지 기록한 순위입니다. '야신' 김성근 전 감독이 지휘봉을 잡은 2015년부터 2017년까지의 순위도 6, 7, 8로 하위권을 맴돌았습니다. 김인식, 김응용, 김성근 등 당대 최고의 감독들마저 한화를 일으키진 못했습니다.

그러던 한화가 2018년 반전 드라마를 썼습니다. 정규 리그 3위로 포스트 시즌에 진출한 겁니다. 2007년 이후 무려 11년 만입니다. 다른 팀들과 달리 한화는 이렇다 할 전력 보강도 없었습니다. 2018년에 새로 부임한 한용덕 감독은 3년을 내다보고 리빌딩에 주력한다고 공언했습니다. 단 한 명의 자유 계약 선수(FA)도 영입하지 않았고 외국인 3명에 대한 투자도 10개 구단 중 가장 적었습니다. 눈에 띄는 신인도 없었습니다. 전문가들이 한화를 최하위 전력으로 분류한 것은 당연해 보였습니다. 한화는 총 득점과 실점을 기반으로 한 '피타고리안' 기대 승률이 4할 7푼 9리로 8위에 불과합니다. 그러나 모든 이의 예상을 뒤집고 한화는 3위를 했습니다.

한 감독의 리더십이 궁금해집니다. 한 감독은 우선 정신적으로 피폐해진 선수들의 마음을 어루만지며 가까이 다가갔습니다. 선수들의 폼을 억지로 바꾸기보다는 장점을 극대화하는 방법으로 자신감을 심어줬습니다. 1군과 2군, 육성군 스태프들과의 소통도 긴밀하게 이어갔습니다. 한화가 하나로 뭉치도록 형님 리더십을 발휘했습니다. 겨울 훈련 시간을 대폭 줄이고 짧지만 집중적으로 훈련 일정을 짰습니다. 양보다는 질, 형식보다는 내용에 치중하는 전략을 취했습니다. 생각하는 플레이를 강조했고 선수들의 자발성을 이끌어냈습니다. 특정 선수만을 집중 기용하지 않고 두루 기회를 줬으며 투수들의 투구 수를 철저히 보장해 줬습니다. 한 감독의 민주적이고 따뜻한 리더십은 통했습니다.

한 감독은 한화의 약점을 정확히 알고 대비했습니다. 당장 취약한 선발보다는 불펜을 강화하는 전략으로 선회하여 접전에 강한 팀을 만들었습니다. 그 결과 불펜의 평균 자책점은 4.28로 1위를 줄곧 유지했습니다. 허리에서 버티는 강력한 힘이 있다 보니 1점 차 승부에서 20승 13패로 가장 높은 승률을 기록했습니다. 5회까지 리드한 경기에서 50승 5패(2위), 44번의 역전승(2위)을 거두어 상대팀의 기를 꺾었습니다.

약한 타력을 보완하기 위해 적극적으로 뛰는 전략을 추구해 팀 도루 118개로 1위를 차지했습니다. 느림보 이미지의 팀을 발상의 전환을 통해 1년 만에 날쌘 팀으로 변화시켰습니다. 선수들은 더 이상 벤치의 눈치를 보지 않고 자신의 플레이를 했습니다. 또한 지성준, 정은원, 강경학, 박상원 등 젊은 선수들을 1군 전력으로 키워내는 성과를 거두면서 성적과 리빌딩의 두 마리 토끼를 잡았다는 평가가 나옵니다.

한화는 원래 강팀이었습니다. 다이너마이트 타선이라는 별명을 얻을 정도로 타력이 강했고 정민철, 송진우, 구대성, 류현진 등 전설적인 투수들이 한화를 거쳐 갔습니다. 세대교체에 실패하며 하위권을 맴돌았지만 팬심은 돌아서지 않았습니다. 오히려 한화 팬들은 "나는 행복합니다. 나는 행복합니다. 이글스라 행복합니다." 라고 노래를 불렀습니다. 가수 윤항기의 '나는 행복합니다'라는 곡을 개사한 노래입니다. 매번 꼴지 근처를 맴도는데도 태평스럽게 응원하고 있으니 한화 팬을 일컬어 '보살'이라 합니다. 스포츠의 세계에 영원한 강자도 영원한 약자도 없는 것처럼 인생사는 '새옹지마塞翁之馬'인가 봅니다. ✒️동아일보, 2018.10.17.

소크라테스
질문하기

Q1 수학적 통계 모델의 하나인 '피타고리안' 기대 승률*과 실제 승률이 다르게 나타나는 이유가 무엇인가?

피타고리안 기대 승률(Pythagorean Expectation) 득점과 실점을 바탕으로 승률을 예측하는 지표로, 장기전을 치르는 종목에서 득점이 많고 실점이 적은 강팀이 순위가 높다는 경향에 착안하여 만들어졌다. 이는 '승률=득점²÷(득점²+실점²)'의 공식으로 구할 수 있으며, 피타고라스 공식과 닮아 '피타고리안'이라는 이름이 붙었다.

Q2 리더십의 차이가 경기력의 차이를 가져올 수 있는가?

Q3 민주적 리더십이란 무엇인가?

소크라테스
토론하기

민주적 리더십이 권위주의적 리더십보다 우월한가?

14
현대판 마녀사냥

특정 사람에게 죄를 뒤집어씌우는 것을 비유하여 '마녀사냥'이라 합니다. 마녀사냥은 사실 관계를 따져 묻기 전에 한 번 마녀라는 프레임에 걸리면 공동체에서 철저히 배제된다는 점에서 매우 무서운 현상입니다. 억울한 피해자가 생길 우려가 큰 집단적 따돌림인 것이지요.

마녀사냥의 원류는 중세로 거슬러 올라갑니다. 15세기 유럽 사회에서 크리스트교가 주도권을 잡으며 종교의 절대적 힘을 유지하기 위해 신에 대한 일체의 도전과 모독을 반역의 중죄로 다스렸습니다. 이교도를 제거하기 위한 희생양을 찾은 마녀사냥은 16, 17세기에 절정을 이룹니다. 독일, 영국, 프랑스, 스페인 등 유럽 국가에서 마녀로 몰린 수많은 사람들이 크리스트교 공동체 안에서 배제되어 희생되었습니다.

마녀가 공동체를 파괴하는 악마 또는 사탄이라는 신념은 당시 지배 계급이 만들어 낸 일종의 사회적 산물입니다. 마녀사냥의 주된 대상은 홀로 된 여성이었습니다. 중세 신학적 관점에서 여성은 원죄로 각인되어 있는 존재이며 악마의 심부름꾼이라는 인식이 있었다고 합니다.

마녀로 지목된 자들은 고문과 참수, 화형 등을 당했습니다. 크리스트교 이외의 어떤 종교도 허용될 수 없던 중세 사회에서 체제에 대한 대중의 불만을 마녀라는 희생양을 통해 잠재웠던 것입니다. 다른 한편으로 마녀사냥을 통해 공동체가 안전하다는 느낌을 줌과 동시에 사회 통합을 이루고자 했던 겁니다. 이러한 마녀 재판은 18세기에 들어서면서 점차 자취를 감췄습니다. 이성적 세계관과 과학의 발전에 따라 존립 근거가 사라졌기 때문이지요.

최근 신종 마녀사냥이 우리 사회에 파장을 일으켰습니다. 아동 학대 의심을 받던 어린이집 교사의 신상이 맘카페에서 밝혀지며 마녀사냥 하듯 비난이 증폭되자, 이를 견디지 못한 보육교사가 스스로 목숨을 끊는 극단적 선택을 했습니다. 대중은 아동 학대인지에 대한 사실 확인은 뒷전인 채 집단적 울분의 대상을 찾아 거침없이 돌을 던졌습니다.

홀어머니와 결혼을 눈앞에 둔 예비 신랑을 남기고 스스로 목숨을 끊은 교사의 소식이 전해지자 이제는 그 맘카페가 또 다른 마녀가 되었습니다. 청와대 국민 청원 게시판에는 맘카페 폐쇄를 원하는 청원이 쇄도하고 있습니다. 대중은 여전히 새로운 마녀를 찾고 있으며 마녀가 등장할 때마다 열광적인 침 뱉기를 하고 있습니다.

중세의 마녀사냥이 페스트, 종교 전쟁 등으로 상처받은 공동체를 달래고 하나로 묶는 기제로 작동한 것과 마찬가지로 오늘날 각박해진 세태에 대한 하소연의 출구로 마녀를 찾아 나선 것은 아닌지 두려운 생각이 듭니다.

맘카페 사건은 우리의 씁쓸한 자화상입니다. 팩트를 찾기보다는 소위 '카더라' 통신을 쉽게 믿어버리는 현대인의 모습을 되돌아볼 때입니다. 익명성에 기대어 가려진 곳에서 허위 선동과 댓글 조작, 비난과 비방을 한 경험이 있다면 이제 초심으로 돌아가 어떻게 자정自淨을 할지 심각히 고민해야 합니다. 애초에 갖고 있던 정보 공유와 지역 주민 소통, 건전한 소비자 운동의 순기능을 살리면서 폐단은 고쳐야겠지요.

맘충(육아를 이유로 주변에 피해를 주는 엄마), 여성 혐오, 남성 혐오 등의 단어가 일상의 담론이 되어버린 현실 속에서 우리는 또 다른 마녀사냥에 동참하고 있는 것은 아닌지 돌아봐야 하지 않을까요. 🖋동아일보, 2018.10.24.

**소크라테스
질문하기**

Q1 공동체를 위해 마녀사냥은 불가피한가?

Q2 대중은 왜 마녀의 등장에 열광적으로 침을 뱉는가?

Q3 현대인은 왜 '카더라' 통신*에 쉽게 현혹되는가?

카더라 통신 근거가 부족한 소문이나 추측을 사실처럼 전달하거나, 소문을 의도적으로 퍼트리는 사람 또는 기관 따위를 비유적으로 이르는 말

Q4 실명(實名)일 때와 익명(匿名)일 때의 태도가 다른 것은 인간 본성의 악함을 반영하는가?

**소크라테스
토론하기**

허위 선동과 댓글 조작, 비난과 비방 등 현대판 마녀사냥 문제를 해결하기 위해 인터넷 실명제를 도입해야 하는가?

15

'한국 영화계의 별'
배우 신성일

1960년 신상옥 감독은 탄탄한 근육질 몸매에 조각 같은 얼굴을 지닌 강인하고 반항아적 이미지의 신인 배우를 캐스팅합니다. 대구에서 갓 올라온 새파란 신인에게 최고의 별이 되라는 의미로 신 감독이 붙여준 예명이 '신성일'입니다. 그해 '로맨스 빠빠'(1960)라는 작품을 통해 신성일은 강신성이라는 본명을 버리고 배우 신성일로 재탄생합니다.

그 후에 신성일은 '아낌없이 주련다', '가정교사', '동백 아가씨', '5인의 건달', '춘향', '청춘교실', '맨발의 청춘', '별들의 고향' 등 무려 506편의 영화에서 주연으로 활약하며 로맨스 영화의 아이콘으로 등극합니다. 1년에 10편씩 꼬박 50년을 해야 이룰 수 있는 엄청난 업적입니다.

신성일(1937~2018)은 한국 영화사에 길이 남을 발자취를 남기고 2018년 11월 4일 향년 81세로 타계했습니다. 폐암 3기로 오랜 투병을 해왔으나 더 이상 견디기 힘들었나 봅니다. 암과 싸우면서도 다음 작품 준비에 몰두했다고 합니다. 영화가 삶이고, 삶이 곧 영화인 한 세대의 풍운아가 곱게 물든 낙엽 사이로 사라지고 나니 그가 젊음을 불살랐던 1960년대로 시곗바늘을 되돌리고 싶습니다.

1960년대는 제2차 세계 대전 이후 태어난 전후 세대가 대중문화의 주역으로 등장하던 시기였습니다. 새로운 희망을 찾던 젊은 이들에게 존 F. 케네디 미국 대통령의 암살(1963)은 충격이었습니다. 베트남 전쟁(1960~1975)에 참전해야 하는 상황에 또다시 좌절하고 방황합니다. 이성과 합리로 상징되는 근대성에 염증을 느낀 젊은이들이 욕망의 분출구를 찾아 나섭니다. 미국에서는 히피 문화가 유행했고, 프랑스에서는 68세대로 상징되는 저항 문화가 확산됐으며, 영국 4인조 그룹 비틀스의 로큰롤에 세계의 젊은 이들이 열광했습니다. 당시 이런 시대적 상황과 신성일의 반항아적 이미지는 아주 잘 어울렸습니다. 당대를 대표하는 꽃미남이면서 반항아적 이미지를 갖고 있다는 점에서 신성일은 미국 배우 제임스 딘(1931~1955), 프랑스 배우 알랭 들롱(1935~)과 비교됩니다. 비주류 청년들의 사랑과 방황을 그린 제임스 딘의 '이유 없는 반항'(1958), 알랭 들롱의 '태양은 가득히'(1960), 신성일의 '맨발의 청춘'(1964)은 절묘하게 중첩됩니다.

'맨발의 청춘'에서 서두수(신성일)와 요안나(엄앵란)는 계층적 장벽을 뛰어넘는 사랑을 나눕니다. 요안나는 서두수에게로 와서 레슬링을 보며 종이에 싼 만두와 통조림을 먹습니다. 서두수는 요안나에게로 와서 스테이크를 손으로 들고 뜯어먹고 수프를 그릇째 마셔버립니다. 둘 사이의 사랑은 문화적 충격을 흡수하고 단절을 뛰어넘습니다. 계층과 문화의 장벽을 넘는 남녀의 러브스토리는 제임스 캐머런 감독의 '타이타닉'(1997)에서 그대로 재현됩니다. 서두수는 리어나도 디캐프리오로, 요안나는 케이트 윈즐릿으로 되살아납니다. 윈즐릿은 3등 칸에서 디캐프리오의 하류층 문화를 경험하고, 디캐프리오는 1등 칸에서 포크와 나이프 사용법을 서투르게 익히며 상류층 문화를 경험합니다.

　1960년대의 반항 문화는 1990년대 서태지와 아이들을 통해서, 최근에는 방탄소년단을 통해서 재현됩니다. 그리고 '맨발의 청춘' 신성일은 고뇌하고 방황하는 청년들에게 아름다운 열정과 패기를 남기고 떠났습니다. ╹동아일보, 2018.11.07.

**소크라테스
질문하기**

Q1 1960년대 저항 문화의 특징은 무엇인가?

Q2 기성 질서와 문화에 대한 반항은 문화 발전을 촉진하는가?

Q3 계층과 문화의 장벽을 뛰어넘는 남녀의 사랑 이야기가 영화와 문학의 주된 소재가 되는 이유가 무엇인가?

**소크라테스
토론하기**

배우 신성일 사망 후 각종 언론 매체와 소셜네트워크서비스(SNS)에서는 그의 배우로서의 업적과 사생활을 함께 거론하며 삶을 평가했다. 가장으로서의 역할을 제대로 수행하지 못하며 가정을 돌보지 못한 점, 혼인 중 다른 여인과 사랑에 빠진 점 등이 그것이다. 배우로서의 업적을 평가할 때 배우의 사생활도 고려되어야 하는가?

16
수능 감독관의 눈

　　　　　　오랜만에 대학수학능력시험 감독관으로 위촉됐습니다. 자연계 여학생들이 시험을 보는 고사장이었습니다. 부디 아무 일 없기를 바라며 감독관 유의사항을 거듭 읽습니다. 고사 본부에서 시험지와 답안지를 받아들고 교실로 들어갔습니다. 1교시 종이 울리기까지 30분 남았습니다. 긴장감이 도는 교실 분위기를 풀어주기 위해 가볍게 말을 던졌지만 반응이 없습니다. 휴대전화 등 전자기기를 수거해 별도의 봉투에 넣습니다. 기타 소지품은 가방에 넣어 복도에 내놓게 합니다. 시험 시작 시간이 점점 다가오면서 긴장감이 높아집니다.

　　오전 8시 40분, 종이 울리자 시험지 넘기는 소리와 함께 수험생들은 펜을 움직입니다. 빈자리 3명은 종이 울려도 나타나지 않습니다. 결시자 카드를 작성해 복도 감독관에게 인계합니다.

발걸음도 조심하며 부감독관과 눈짓과 손짓으로만 이야기를 나눈 뒤, 응시 원서철을 들고 사진과 실물을 대조합니다. 닮은 것 같지 않은 학생을 눈여겨봤다가 감독관 도장을 찍을 때 가까이 가서 신분증과 다시 한 번 비교해 봅니다. 동일인인지 의심스럽지만 화장을 짙게 한 사진 속 얼굴과 실물을 구별하기는 쉽지 않습니다. 감독관으로서 더 이상 의심을 품고 접근할 수 없습니다. 잔뜩 예민해진 수험생이 감독관 탓을 하며 시험을 망쳤다고 할 수도 있기 때문입니다. 이대로라면 닮은 형제자매가 대리 시험을 보더라도 적발하기 어렵겠다는 생각이 듭니다. 수능 원서 사진에 대한 한국교육과정평가원의 지침에는 '최근 6개월 이내 양쪽 귀가 나오도록 정면 상반신을 촬영한 여권용 사진'으로 명시되어 있습니다. 만에 하나 있을지 모를 부정을 막기 위해서라도 기존 지침에 '화장하지 않은 얼굴'을 덧붙여야 할 듯합니다.

정면에 선 채 수험생들을 훑어봅니다. 다들 편안한 옷차림입니다. 흰색 줄 3개가 선명한 검정 트레이닝 바지가 눈에 띕니다. 25명 중 14명이 독일 상표의 그 옷을 입고 앉아 있습니다. 요즘 학생들은 개성 추구와 동시에 유행에 민감한 것 같습니다. 롱패딩과 트레이닝복으로 확산된 '편승 효과'가 흥미롭습니다. 연신 물을 마셔대는 수험생이 보입니다. 한 명은 꾸벅꾸벅 졸고 있고 또 다른 수험생은 책상에 엎드려 잠이 들었습니다. 다들 사연이 있겠지만 안타깝게도 시간은 속절없이 흐릅니다.

어느 순간 수험생들의 시선이 한 곳에 오래 머무릅니다. 만유인력 법칙을 소개한 국어 영역 31번 물리 관련 지문입니다. 물리Ⅱ를 공부하지 않은 학생들에게는 가혹할 정도로 난해한 지문입니다. 채권과 채무, 채무 불이행의 법률 효과 등이 나온 비문학 지문도 법과 정치 선택자에게 유리할 수 있겠다는 생각이 들었습니다. 수험생의 표정이 더욱 굳어집니다. 수험생의 '멘탈'이 붕괴되는 안타까운 상황을 지켜보는 감독관의 마음도 함께 타들어 갑니다. 수학, 영어, 탐구 영역까지 모두 끝나고 나니 수험생의 체력이 걱정됩니다. 감독관인 저도 허리와 다리가 뻐근합니다.

수능이 끝난 지 일주일가량 지났는데도 여러 뒷얘기들이 멈출 줄 모릅니다. 언론이 만점자에 관심을 갖는 것은 수십 년간 변함없습니다. 뉴스거리가 될지언정 그렇게 가치 있는 것인지는 모르겠습니다. 쉬우면 물수능이라고 걱정하고, 조금 어려우면 불수능이라고 걱정합니다. 언론에 비친 감상적 수능 스케치와 달리 냉혹한 현실을 헤쳐 나가야 하는 수험생들, 인생 길게 보고 기운내기 바랍니다. 🏺동아일보, 2018.11.21.

소크라테스
질문하기

Q1 수능은 공정한 시험인가?

Q2 수능 부정행위를 원천적으로 차단할 수 있는 방안은 무엇인가?

Q3 수능의 난이도와 만점자에 대한 언론의 관심은 필요한 것인가?

Q4 롱패딩과 검정색 트레이닝복이 청소년들 사이에 유행처럼 소비된 이유가 무엇인가?

소크라테스
토론하기

국어 영역의 실력을 변별하기 위해 난해한 비문학 지문이 출제되는 것이 바람직한가?

17

'소확행', '인싸' ···
유행어의 사회학

독일의 실존주의 철학자 하이데거(1889~1976)는 "언어는 존재의 집이다."라고 했습니다. 사람들의 생각은 말과 글에 드러나니 언어를 통해 사람들의 내면을 엿볼 수 있겠지요. 취업 포털 사이트 인크루트가 지난해 말 발표한 '2018 유행어 설문 조사' 결과가 흥미롭습니다.

유행어 1위는 28.8%를 차지한 '소확행'이었습니다. '소소하지만 확실한 행복'의 줄임말입니다. 소확행은 얼마 전 타계한 배우 신성일이 생애 마지막 작품으로 준비했던 영화의 제목이기도 합니다. 원래 일본의 소설가 무라카미 하루키의 에세이 『랑겔한스섬의 오후』에 나오는 말로, 갓 구운 빵을 손으로 찢어 먹거나 서랍 안에 반듯하게 정리돼 있는 옷을 볼 때 느끼는 감정처럼 일상의 소소한 행복감을 뜻합니다.

2017년 최고 유행어가 '욜로YOLO'(한 번뿐인 인생 최대한 즐기기)였던 것과 궤를 같이합니다. 갈수록 일상에서의 여유와 소박한 즐거움을 가치 있게 여기는 트렌드가 이어지고 있습니다. '카르페 디엠carpe diem'이라는 말도 있습니다. 지금 이 순간에 충실하라는 뜻의 라틴어로 영화 '죽은 시인의 사회'에서 키딩 선생이 강조했던 말입니다. 미래를 위해 현재의 삶을 유예하지 말고 현재를 즐기라는 면에서 소확행과 맥을 같이합니다. 설문 조사에 따르면 요즘 한국인들은 호캉스(호텔에서 즐기는 바캉스), 동네 산책, 카페 투어, 유기농 식품 구입, 식물 기르기 등으로 소확행을 찾는다고 합니다.

유행어 2위는 '갑분싸'(18.5%)였습니다. 갑자기 분위기가 싸해진다는 뜻으로 대화 중 누군가가 분위기에 맞지 않는 썰렁한 발언을 했을 때의 어색한 상황을 가리키는 줄임말입니다. 명절에 고향을 찾은 젊은이들에게 어른들이 건네는 덕담 직후 '갑분싸'에 빠져드는 경우가 흔합니다. 삶의 가치가 다양하게 분화되고 피상적 인간관계가 보편화되는 시대에 의사소통이 매끄럽지 못한 상황을 잘 반영하는 유행어입니다.

유행어 3위는 '인싸'(16.0%)였습니다. 인사이더insider의 줄임말로 '무리와 섞이지 못하고 밖으로 겉도는 아웃사이더outsider와 다르게 다른 이들과 잘 어울리는 사람'을 뜻합니다. '핵인싸'는 아주 커다랗다는 뜻의 '핵'과 인사이더의 합성어로, 무리 속에서 아주 잘 지내며 분위기를 주도하는 사람을 의미합니다.

조직 생활에서 인간관계에 어려움을 느끼는 사람들이 많아지면서 '인싸'는 부러움과 시기의 이중적 뉘앙스를 풍깁니다. 1인 가구가 빠르게 늘면서 인간관계의 분절과 소외를 느끼고 살아가는 현대인의 일상을 잘 반영한 유행어입니다. 이는 '혼밥', '혼술', '싫존주의'(싫어하는 취향도 당당히 밝히는 젊은 세대)라는 또 다른 유행어와 맥을 같이 합니다.

줄임말과 신조어의 유행은 시대상을 반영합니다. 또 집단 내 공감대를 넓히기도 하지만 집단 및 세대 간 의사소통의 단절을 가져오기도 합니다. 2019년은 황금 돼지의 기운으로 모두의 행복이 커지고 의사소통이 잘 되어 막힌 혈이 시원하게 뚫리는 한 해가 되기를 희망해 봅니다. ◗동아일보, 2019.01.02.

**소크라테스
질문하기**

Q1 '언어는 존재의 집'이란 의미가 무엇인가?

Q2 언어는 의식과 사고를 지배하는가?

Q3 '욜로', '소확행' 등이 최고의 유행어가 된 사회적 배경은 무엇인가?

Q4 신조어와 줄임말은 세대 차이를 확대하는가?

**소크라테스
토론하기**

언어는 사회 통합에 기여하는가, 차별을 심화시키는가?

18

뉴미디어 혁명

유튜브 채널 'TV 홍카콜라'와 '유시민의 알릴레오'가 연일 화제입니다. 두 방송을 이끌어가는 팟캐스트는 홍준표 전 자유한국당 대표와 유시민 노무현재단 이사장입니다. 국민들은 보수와 진보 진영을 대표하는 두 팟캐스트의 입담 대결을 흥미롭게 지켜보고 있습니다.

유튜브는 당신(You)과 브라운관(Tube)의 합성어로, 구글이 제공하고 있는 동영상 공유 서비스입니다. 2005년 미국 캘리포니아에서 채드 헐리, 스티브 천, 자베드 카림 등 세 청년이 친구들에게 파티 비디오를 배포하기 위해 설립한 작은 회사가 유튜브의 시초입니다.

2006년 구글에 인수된 유튜브는 오늘날 54개 언어를 지원하며 로그인 가입자가 18억 명이 넘을 정도로 막강한 미디어로 성장했습니다. 유튜브는 접근성이 뛰어나 누구나 콘텐츠 공급자가 될 수 있다는 점, 콘텐츠 공급자와 수용자가 댓글로 소통하며 쌍방향 커뮤니케이션이 가능하다는 점에서 획기적입니다.

유튜브와 같은 개인 미디어가 혁명적으로 세상을 바꿀 것이라고 예상한 시점은 10여 년 전으로 거슬러 올라갑니다. 2006년 미국 시사주간지 '타임'은 올해의 인물로 'You'를 선정했습니다. 당시 타임은 'You'가 유튜브, 블로그 등을 통해 전 세계 미디어의 영역을 장악하고 새로운 형태의 디지털 민주화를 이룩했다며 올해의 인물 선정 배경을 설명했습니다. 타임은 개인 미디어의 확산을 '혁명', '생산성과 혁신의 폭발'이라고 평가하면서 이는 단순히 세상을 바꾸는 게 아니라 세상이 변화하는 방식마저 바꿀 것이라고 예상했습니다.

유튜브는 세계 최고의 동영상 강의 서비스 '칸 아카데미'를 가능하게 했습니다. 방글라데시 출신 미국인 살만 칸이 만든 '칸 아카데미'를 통해 전 세계 6,000만 명에 가까운 가입자가 수학, 컴퓨터, 과학, 인문학, 예술, 경제 등의 강의를 무료로 듣고 있습니다.

유튜브와 더불어 전 세계 인터넷 트래픽 대부분을 차지하는 넷플릭스도 거대 공룡으로 성장했습니다. 넷플릭스는 유료 회원 약 1억 3,000만 명, 하루 콘텐츠 소비량 1억 4,000만 시간, 시가 총액 1,530억 달러(약 171조 원)의 거대 기업으로 성장했습니다. 20년 전 'DVD 대여 사업'으로 시작한 회사가 지금은 세계 정보 기술(IT)

기업 중 가장 빠르게 성장하고 있습니다. 넷플릭스는 막강한 자금력을 바탕으로 수백 편의 드라마, 영화, 다큐멘터리, 애니메이션 등을 자체 제작해왔으며 각국의 수많은 콘텐츠 판권을 독점 공급하기도 합니다. 유튜브와 넷플릭스는 이미 세계 콘텐츠 시장의 판도를 뒤흔들고 있습니다.

우리 학생들의 동영상 서비스 이용 실태는 어떨까요. 방송통신심의위원회가 2019년 1월 6일 발표한 자료에 따르면 우리나라 중고생은 하루 평균 2시간 가량(114.9분) 인터넷 개인 미디어를 이용한다고 합니다. 동영상 시청 플랫폼으로 가장 많이 이용하는 것은 유튜브(34.6%)였고, 아프리카TV(16.8%), 트위치TV(16.6%), 네이버V앱(11.7%), 네이버TV(11.6%)가 뒤를 이었습니다. 내용별로 보면 게임 방송(22.7%)이 제일 많았고, 먹는 방송(19.2%), 토크 방송(11.6%), 뷰티 방송(10.9%), 음악 방송(8.2%)의 순이었습니다.

유례없는 미디어 환경에서 우리는 유해 콘텐츠 유통을 적절히 통제하면서 뉴미디어와 기존 콘텐츠 공급자 간의 충돌 문제를 해결해야 하는 새로운 과제를 안게 됐습니다. 🎗동아일보, 2019.01.09.

소크라테스
질문하기

Q1 쌍방향 커뮤니케이션의 장점은 무엇인가?

Q2 유튜브를 혁명이라 부를 수 있는 이유가 무엇인가?

Q3 청소년들은 왜 인터넷 개인 미디어의 주요 소비층이 되었는가?

Q4 뉴미디어*와 기존 콘텐츠 공급자 간에 있을 수 있는 갈등은 무엇이며, 그 해법은 어떻게 찾아야 하는가?

뉴미디어(new media) 과학 기술의 발전에 따라 생겨난 새로운 전달매체로, 텔레비전, 라디오, 신문, 잡지, 전화 등 기존의 대중 매체에 얽매이지 않는 새로운 매체를 말한다.

소크라테스
토론하기

뉴미디어에 의해 바뀌는 세상은 인간의 행복을 증진시키는가?

5장

평화

산타클로스 효과

일 년에 단 하루를 위해 22조 원을 쓰는 사람이 있습니다. 나이가 제법 많은데 썰매를 잘 타고 빨간색 옷을 즐겨 입습니다. 그의 이름은 산타클로스입니다. 270년 소아시아 지방(지금의 터키)에서 출생한 세인트 니콜라스 주교에서 유래한 산타클로스는 자선과 사랑의 상징입니다.

영화 '34번가의 기적'에서는 산타의 존재를 둘러싼 법정 공방이 나오기도 하지만, 산타는 이미 우리의 일상 속의 현실입니다. 매년 이맘때면 거리마다 캐럴이 울려 퍼지고 산타가 등장합니다. 그는 아이들의 동심 속에서는 희망과 선물을 주는 인자한 할아버지이며, 백화점과 상점에서는 판촉의 매개체이기도 합니다. 1920년대 코카콜라가 산타와 콜라를 결합시킨 마케팅을 편 이후 오늘날과 같은 모습의 산타가 등장했다고 합니다.

선물 하나당 1만 원만 잡아도 어림잡아 22조 원이지만, 크리스마스 특수로 여행업계, 음식·숙박업계, 영화관과 백화점 등에서 창출되는 부가 가치는 상상을 초월합니다. 성탄절인 12월 25일에는 산타와 선물을 가장 먼저 떠올리기도 합니다. 산타는 이미 상품화되고 문화 코드가 되어 우리의 일상을 파고들었습니다. 부모들은 아이들의 선물을 고르고, 연인들은 사랑하는 사람과 근사한 시간을 보내야 하는 분위기입니다.

산타는 이성이 아닌 감성의 영역 속에 하나의 이미지가 됐습니다. 산타가 지구상의 어린이들에게 하룻밤 만에 선물을 나눠주려면 마하 4.2의 속도로 날아다녀야 합니다. 어린이들은 어느 순간 산타가 존재하지 않음을 느끼고 부모가 산타의 역할을 했다는 것을 깨달으며 동심에서 벗어납니다. 그럼에도 불구하고 현대인들은 산타를 동경합니다. 아마 착한 마음, 사랑과 평화에 대한 갈망 때문이겠지요.

"고요한 밤 거룩한 밤~" 제1차 세계 대전이 한창이던 1914년 12월 24일 밤, 적막을 깨고 독일군 진영에서 캐럴이 흘러나왔습니다. 영국-프랑스 연합군 참호에서 박수와 함께 앙코르를 외치고 곧 양 진영 병사들은 캐럴을 합창합니다. 이어 독일군 병사들이 장식과 초를 매단 크리스마스트리를 연합군 진영으로 가져오고, 양측 병사들은 중간 지대에서 무기를 내려놓고 전쟁 역사상 유례가 없는 크리스마스 휴전에 들어갑니다. 불과 한 달 동안 양측 병력 13만 명

이상의 사상자를 낸 지옥 같은 마른^{Marne} 전투 격전지에서 이루어진 '크리스마스의 기적'입니다.

1950년 겨울 압록강까지 진격했던 국군과 미군은 중국군의 전쟁 개입으로 인해 동부 전선의 전 병력 철수를 결정합니다. 1950년 12월 15일부터 23일까지 진행된 철수 작전으로 군인 10만 명과 피란민 10만 명이 적지에서 구출됐고, 1만 7,500대의 군용 차량과 35만 톤의 전쟁 물자가 안전하게 후송됐습니다. 한국판 크리스마스의 기적으로 불리는 흥남 철수 작전입니다.

크리스마스는 평화와 사랑의 이미지로 우리 마음 속에 있습니다. 크리스마스트리가 반짝이는 곳에서는 마음이 포근해지고 캐럴이 울려 퍼지는 곳에서는 사랑이 커집니다. 크리스마스와 산타는 종교를 초월하여 즐기는 문화가 되었습니다. 전쟁과 살육까지 멈추게 하는 크리스마스의 힘, 그리고 사랑과 연민의 산타 정신이 영원히 우리 곁에 있다면 얼마나 좋을까요. 🍾동아일보, 2017.12.27.

소크라테스
질문하기

Q1 산타 정신은 인간 본성의 반영인가?

Q2 전쟁 중에 크리스마스 휴전이 가능했던 이유는 무엇인가?

Q3 사랑을 갈구하는 인간이 전쟁을 피하지 못하는 이유가 무엇인가?

소크라테스
토론하기

산타클로스와 크리스마스의 상업화는 바람직한가?

수호랑과 반다비

어느 날부턴가 수호랑과 반다비 캐릭터 상품이 눈에 띄게 늘었습니다. 수호랑과 반다비는 각각 2018 평창 동계 올림픽과 패럴림픽(장애인 올림픽)의 마스코트입니다. 수호랑은 백호白虎를 모티브로 삼은 것으로, '수호'는 올림픽에 참가하는 모든 사람들을 보호한다는 의미입니다. '랑'은 호랑이와 강원도 정선아리랑의 '랑'에서 따왔다고 합니다. 백호는 1988년 서울 올림픽의 마스코트였던 '호돌이'와 연속성을 지니면서, 백의민족이 주최하는 설원의 축제라는 이미지와 잘 어울립니다. 반다비는 우리나라에 자생하며 강원도를 대표하는 반달가슴곰을 모티브로 삼았으며, 의지와 용기를 상징한다고 합니다.

얼마 전까지만 해도 한반도의 긴장 고조로 평창 동계 올림픽이 과연 제대로 열릴 수 있을까 하는 분위기였습니다. 그러나 최근 판문점에서 열린 남북 고위급 회담과 후속 실무 회담을 계기로 꽁꽁 얼었던 남북 관계가 서서히 풀리고 있습니다. 이번 평창 동계 올림픽에 북한은 대표단과 선수단을 비롯해 응원단, 관현악단, 태권도 시범단, 기자단 등 대규모 인원을 파견했습니다. 국제올림픽위원회(IOC)의 적극적인 협조 하에 개·폐회식에서 남북한 선수단의 공동 입장은 물론이고 여자 아이스하키의 남북 단일팀 구성이 현실화되었습니다. 미국 하버드대 조지프 나이 교수는 정치·군사력을 앞세운 하드파워 외교보다는 문화, 예술 등을 통해 매력을 확산시키고 공감을 얻어내는 소프트파워 외교의 중요성을 강조했습니다. 오늘날 스포츠는 소프트파워 외교에서 상당히 중요한 의미를 갖습니다.

역사적으로 가장 유명한 소프트파워 외교는 탁구를 이용한 '핑퐁 외교'입니다. 1971년 미국과 중국 탁구 대표팀의 친선 교류전이 성사되었는데, 이때 미국 선수단이 베이징, 상하이, 광저우 등을 순방하며 수십 년간 끊겼던 미국과 중국 사이에 화해의 징검다리를 놓았습니다. 이를 계기로 1979년 미국은 죽(竹)의 장막(중국의 비공산권 국가에 대한 배타적 정책을 비유적으로 표현한 말)을 걷어내고 중국과 국교를 정상화합니다.

남북 사이의 첫 해빙은 1970년대 초반에 있었지만 스포츠 교류의 물꼬가 트인 것은 1990년대에 들어서입니다. 1991년 일본 지바에서 열린 세계 탁구 선수권 대회에서 현정화(남)와 리분희(북)를 앞세운 남북 단일팀이 난공불락으로 여겨졌던 중국을 꺾고 우승했던 감동을 잊을 수 없습니다. 그해 여름 포르투갈 세계 청소년 축구 대회에서도 남북 단일팀이 출전했으며, 2000년 시드니 올림픽, 2002년 부산 아시안게임, 2003년 대구 유니버시아드 및 아오모리 동계 아시안게임, 2004년 아테네 올림픽, 2005년 마카오 동아시아 경기 대회, 2006년 토리노 동계 올림픽 및 도하 아시안게임, 2007년 창춘 동계 아시안게임 등의 개막식에서 한반도기를 들고 남북이 공동 입장했습니다. 그 후 남북 관계가 경색되면서 스포츠 교류도 전면 중단됐습니다.

한반도를 둘러싼 정치·군사적 긴장과 관계없이 스포츠와 문화 교류는 중단 없이 지속될 수 있을까요? 평창 동계 올림픽을 계기로 수호랑과 반다비에 담긴 평화와 화합의 염원이 널리 퍼져 얼어붙은 한반도에 햇살이 비치길 기원합니다. ◖동아일보, 2018.01.17.

소크라테스
질문하기

Q1 하드파워 외교에 비해 소프트파워 외교가 더 강력한가?

Q2 스포츠가 외교에 이용되는 것은 순수한 스포츠 정신을 침해하는가?

Q3 올림픽에 마스코트*는 필요한가?

마스코트(mascot) 행운을 가져온다고 믿어 간직하거나 섬기는 사람이나 물건 또는 동·식물로, 오늘날에는 주로
행사 및 단체 등을 상징하는 이미지 캐릭터를 뜻하는 경우가 많다.

 소크라테스
토론하기

앞으로 남북이 올림픽이나 월드컵을 공동 개최한다고 가정할 경우, '단기[團旗]*'와 '마스
코트'를 어떻게 만들겠는가?

단기 선수단과 같이 어떤 단체나 집단의 상징이 되는 깃발이다.

올림픽 개회식과
송승환 총감독

2018년 2월 9일에 열린 평창 동계 올림픽 개회식은 70억 세계인에게 우리 전통문화와 미래 기술의 환상적 융합을 보여준 거대 이벤트였습니다. 주요 외신들은 남한과 북한·미국·일본·중국의 대표들이 한 자리에 모인 개회식 모습, 한반도기를 들고 함께 입장하는 남북한 선수단, 김연아의 성화대 밑 아이스댄싱과 점화 모습 등을 주요 뉴스로 전했습니다.

"생동감 있고 화려한 불과 얼음의 개회식이었다. 적대적 국가의 지도자들이 모인 스타디움에서 외교적 모습이 힘겹게 연출됐다." 평창 동계 올림픽 개회식에 대한 로이터 통신의 반응입니다. AP 통신은 "불, 물, 나무, 쇠, 흙을 상징하는 다섯 명의 어린이가 한국인의 마음에 그리던 평화를 발견했다."고 전했습니다.

이번 개회식을 통해 한국은 디지털 강국의 면모를 유감없이 보여줬습니다. 이번 개회식은 휴머니티와 최첨단 기술이 결합된 한편의 드라마였습니다. 과거와 미래, 인간과 기술이 연결되고 소통하며 평화를 염원하는 메시지를 전하면서 우리 문화의 정체성과 적절히 융합했습니다.

개회식을 관통하는 키워드는 평화였습니다. 평화를 찾아 나서는 다섯 아이들, 평화의 종, 식장에 울려 퍼진 존 레넌의 이매진imagine, 깜짝 등장한 인면조人面鳥 등을 통해 평화의 메시지가 전달됐습니다. 고구려 고분 벽화에 있는 사람 얼굴을 한 전설의 불사조로 하늘과 땅을 평화롭게 이어준다는 인면조와 함께 고분 속 백호, 청룡, 주작, 현무도 등장했습니다. 흰색 인면조와 백호, 하얗게 빛난 드론 오륜기, 성화를 담은 흰색 달 항아리, 김연아의 하얀 드레스 등은 평화를 애호하는 백의민족의 염원을 담은 상징 코드입니다.

5세대(5G) 이동 통신 기술과 결합된 발광 다이오드(LED) 촛불과 홀로그램 쇼, 증강 현실로 구현한 600년전 천문도 별자리, 하늘을 날며 오륜기를 만들어 낸 2,018개의 드론 쇼 등은 첨단 기술이 창의적 상상력과 결합하여 어떻게 예술로 승화될 수 있는지를 보여줬습니다. 성화대 불기둥이 30개의 굴렁쇠를 통해 타오르도록 한 발상은 1988년 서울 올림픽 때 인류 화합과 발전의 상징이었던 굴렁쇠 소년의 오마주hommage였다고 합니다.

세계적 스포츠 행사의 개회식과 폐회식은 늘 관심사입니다. 자국의 문화 역량과 국력을 보여주기 위해 자존심을 걸고 심혈을 기울입니다. 평창 동계 올림픽 개·폐회식을 맡은 송승환 총감독은 6,000억 원이 투입된 베이징 올림픽 예산의 10분의 1에 불과한 예산으로 가성비 높은 행사를 훌륭히 치러냈습니다. 창의적 상상력이 없으면 불가능한 일입니다.

배우, 방송 MC, 라디오 DJ, 공연 제작자 등으로 활약한 송 총감독은 난타 기획자로 널리 알려진 인물입니다. 난타는 투박한 소리와 리듬만 있는 한낱 부엌 도구로 무얼 하겠냐는 편견을 깨고 20년 동안 4만 600여 회, 누적 관객 수 1,282만 명을 넘겨 공연 문화의 새 장을 연 창작물입니다.

우리가 송 총감독에 주목하는 것은 단지 그의 역량이나 성취보다는 미래의 창의성과 문화 역량에 대한 기대 때문입니다. 우리 한 민족은 한글, 금속 활자, 온돌 난방, 거북선 등을 최초로 만든 창의적인 민족입니다. 평창 동계 올림픽 폐회식의 주제는 'NEXT WAVE(새로운 미래)'라고 합니다. 인문학에 대한 관심 확산, 상상력과 자율성을 키우는 교육, 학문 간 경계를 넘는 융합 교육 등에서 창의와 상상력의 열매를 기대해도 되지 않을까요.

동아일보, 2018.02.14.

소크라테스
질문하기

Q1 스포츠는 경쟁이고 전쟁은 갈등이다. 경쟁과 갈등은 본질적으로 어떻게 다른가?

Q2 인문학은 기술 발전을 촉진하는가?

Q3 창의력과 상상력은 학습되는가?

Q4 문화 역량은 곧 국력인가?

소크라테스
토론하기

스포츠는 정치로부터 독립적인가?

04

매파
'존 볼턴'의 등장

　　　　　　한반도 평화 정착을 위한 발걸음이 분주한 가운데
두 가지 차원의 '전쟁' 이야기가 뉴스 머리를 장식했습니다. 하나는
미국과 중국의 무역 전쟁입니다. 미국 도널드 트럼프 행정부의 보
호 무역주의에 중국과 유럽이 맞불을 놓으면서 글로벌 무역 전쟁
으로 확산될 조짐입니다. 전문가들은 1930년 자국 농업 보호를 위
한 미국의 고율 관세 조치가 교역량 감소와 대공황의 촉매가 됐던
상황과 유사한 것으로 보고 있습니다. 지난주 미국, 유럽 등 세계
증시가 폭락한 것으로 보아 시장의 반응은 비관적입니다.

　다른 하나는 한반도 전쟁설입니다. 트럼프 미국 대통령은 2018년
3월 22일 허버트 맥매스터 국가안전보장회의(NSC) 보좌관을 경질
하고 그 자리에 존 볼턴 전 유엔 주재 미국 대사를 내정했습니다. 볼
턴은 공화당 행정부에서 중용됐던 매파(보수 강경파)의 대표적 인

물입니다. 북한을 '악의 축'으로 규정한 네오콘(신보수주의자)의 핵심 인물로 슈퍼 매파로 통합니다. 그간 이란과 북한에 대한 선제 타격과 전쟁 불사를 주장했던 인물입니다. 그는 북·미 정상 회담은 북한의 시간 끌기 전략에 말리는 것이라며 군사 옵션을 선호했습니다.

북·미 정상 회담을 목전에 두고 볼턴의 전진 배치가 주는 시그널은 무엇일까요? '전쟁 우려의 확대'와 '평화 확보를 위한 협상 전략'이라는 견해가 맞섭니다. 미국 뉴욕타임스는 볼턴의 임명에 대해 '북·미 정상 회담에 끔찍한 결정'이라고 논평했습니다. 당일 뉴욕 유가油價가 2.5% 상승한 것은 전쟁 가능성 증가로 받아들인다는 지표입니다. 북·미 정상 회담이 두 달도 채 남지 않은 상황에서 백악관 외교·안보 라인에 니키 헤일리(유엔 주재 대사)-마이크 폼페이오(국무장관)-볼턴 등 슈퍼 매파 삼각 편대를 포진시킨 것은 북한에 강력한 신호를 주는 것으로 읽힙니다. '완전한 핵 폐기냐, 전쟁이냐.' 양자택일의 선택지를 내놓고 북한을 압박하는 형국입니다. 북·미 정상 회담에서 절충의 여지가 그만큼 줄어든다는 얘깁니다.

볼턴은 '선先 핵 폐기 후後 보상'이라는 리비아식 비핵화를 선호하는 인물입니다. 2003년 리비아의 카다피가 완전한 핵 포기를 선언한 뒤 실제 핵 폐기 완료까지 2년이 채 걸리지 않았습니다. 리비아가 국제원자력기구(IAEA)의 포괄적 사찰을 바로 수용하면서 복잡한 검증 단계 없이 일사천리로 폐기 프로그램이 진행됐기 때문입니다.

볼턴이 전면에 나서게 되면 5월 북·미 정상 회담에서도 리비아식 모델을 요구할 가능성이 큽니다. 과연 북한이 리비아처럼 관련 시설과 자료를 투명하게 공개하고 포괄적 사찰을 거쳐 핵 시설을 완전 폐기하는 로드맵을 받아들일까요?

기대와 걱정이 교차합니다. 그간 북한은 리비아식 핵 폐기 프로그램에 강한 거부감을 보이며 '핵 동결과 동시 보상'을 주장해 왔습니다. 더구나 북한은 2011년 민주화 운동으로 리비아 카다피 정권이 몰락한 것에 대해 핵 폐기로 무장 해제된 결과라고 믿고 있습니다. 5월 북·미 정상 회담이 성과 없이 끝날 경우, 미국 내 매파에 더욱 힘이 실릴 것이고 북한 선제 타격이 정당화될 수 있습니다.

전쟁 대신 평화 체제가 구축되고 핵 공포 없이 교류하고 협력하는 날이 올까요. 우리의 운명을 가를 격변의 시기에 한반도를 둘러싼 안개가 깨끗이 걷히기를 기대하며, '새 길이 열리면 그 길로 가야 한다.'는 볼턴의 최근 발언에 희망을 걸어 봅니다.

동아일보, 2018.03.28.

소크라테스
질문하기

Q1 북한이 리비아식 핵 폐기 모델을 거부하는 이유가 무엇인가?

Q2 '완전한 핵 폐기'와 '전쟁'이라는 양자택일 외의 선택지는 없는가?

Q3 한반도 비핵화는 반드시 필요한가?

소크라테스
토론하기

2019년 2월 27일~28일 베트남 하노이에서 열렸던 2차 북·미 정상 회담이 성과를 내지 못하고 결렬됐다. 그 배경에 존 볼턴이 실무진에서 논의되지 않은 영변 외의 핵 시설까지 추가 폐기를 요구하는 등 강경한 협상 전략을 들고 나왔기 때문이라는 분석이 있다. 두 나라 간의 줄다리기가 더욱 팽팽해진 상황에서 앞날을 내다보기 어렵게 됐다. 과연 인간의 이성은 전쟁을 통제할 수 있는가?

서울과 평양의 시간

1989년 12월 지중해 몰타 해역의 유람선 위에서 세기의 정상 회담이 열렸습니다. 미국의 조지 부시 대통령과 당시 소련의 미하일 고르바초프 공산당 서기장이 회담의 주역이었습니다. 이 회담을 계기로 이념 대립이 종식되고 냉전 체제가 해체되었습니다.

2018년 4월 27일 판문점에서 열린 남북 정상 회담은 몰타 회담 이후 전 세계의 이목이 가장 많이 집중된 회담이었습니다. 세계인들은 한반도 평화 정착을 위한 첫걸음을 TV 생중계로 지켜봤습니다. 남북 정상이 손잡고 군사 분계선을 허물어뜨리는 발걸음은 무척 낯설었습니다.

이 회담에서 남과 북은 한반도 비핵화를 문서로 합의하였고 항구적 평화 체제 구축을 위해 적극 협력해 나기기로 했습니다. 올해

안에 종전 선언을 하기로 했다는 발표에 학생들은 놀라운 반응을 보입니다. '6·25 전쟁은 1950년대에 이미 끝난 거 아닌가요?'라는 반응이 의외로 많았습니다. 우리가 휴전 상태에서 살고 있었다는 사실마저 잊고 살아올 만큼 현실에 무감각해진 것 같습니다.

정전 협정을 평화 협정으로 대체하는 과제는 핵 폐기 프로그램과 맞물려 있습니다. 이제 구체적 실천 로드맵은 북·미 정상 회담의 테이블로 넘어갔습니다. 북·미 정상 회담이 성공하고 유엔의 대북 제재가 풀려야 남북 관계의 실질적 진전이 가능하겠지요. 우리 정부는 4·27 판문점 선언의 첫 실천 조치로 비무장 지대 확성기 철거에 들어갔습니다. 앞으로 추가적 긴장 완화 조치들과 다각적 교류와 협력이 이어질 것으로 보입니다.

북한은 2018년 5월 5일부터 평양 표준시를 서울과 맞추겠다고 발표했습니다. 동경 135도(°)를 표준 경선(표준시를 정하는 기준이 되는 경선)으로 사용하는 우리와 달리, 북한은 2015년부터 동경 127도(°)30분(')을 표준 경선으로 사용해 서울보다 시간이 30분이 늦었습니다. 이제 서울과 평양의 시간이 같아집니다. 시간의 통일이 우선적으로 이루어진 것입니다.

불과 몇 달 전까지만 해도 도널드 트럼프 미국 대통령과 김정은 북한 국무위원장은 서로를 향해 '로켓맨', '미치광이'라고 칭하며 기 싸움을 했습니다. '핵 단추'를 언급하며 위협했고, 한반도에는 4월 위기설이 퍼지며 전쟁 일촉즉발의 상황으로 치달았습니다.

사람들은 전쟁에 대해 구체적으로 이야기하기 시작했고 생존 배낭, 비상식량, 방독면까지 생각하는 사람이 많았습니다. 아들을 군에 보낸 부모들은 잠을 설칠 정도로 꿈자리가 사나웠다고 합니다. 우리의 의지와 관계없이 주변국에 의해 우리 운명이 결정될지도 모를 상황 앞에 무기력함을 느꼈던 게 엊그제입니다.

평창 동계 올림픽을 전환점으로 판문점에서 열린 정상 회담에 이르기까지 상황이 180도 바뀌었으니 격세지감입니다. 시간의 통일과 함께 한번도 가지 않은 길을 남과 북이 걷기 시작했습니다. 이제 겨우 꼬인 실타래 한 올을 풀었을 뿐입니다.

"생각해 본 적 있나요, 우리가 이렇게 형제처럼 가까워질 수 있다는 것을. 우리의 내일은 불확실하지만 나는 어디에서나 느낄 수 있어요, 변화의 바람이 불고 있다는 것을."

독일 록 그룹 스콜피언스의 노래 '윈드 오브 체인지wind of change' (1990)에 나오는 가사 중 일부입니다. 변화의 바람은 베를린 장벽의 붕괴에서 멈추지 않고 계속 불었습니다. 1990년대 초반 옛 소련 등 사회주의권이 붕괴하며 냉전이 해체되었듯이 그 새로운 바람이 마지막 남은 한반도의 냉전을 녹여주기를 간절히 바랍니다.

🖊️ 동아일보, 2018.05.02.

소크라테스
질문하기

Q1 1989년 몰타 회담과 2018년 판문점 회담의 공통점과 차이점은 무엇인가?

Q2 한반도에서의 종전 선언은 어떤 의미를 갖는가?

Q3 베를린 장벽 붕괴와 함께 찾아온 독일 통일로부터 배울 점은 무엇인가?

소크라테스
토론하기

미국과 북한은 전쟁과 평화 사이에서 줄다리기를 하고 있다. 전쟁과 평화는 양립*이 가능한가?

양립(兩立) 두 가지가 동시에 따로 성립하거나 서로 굽힘 없이 맞서는 것이다.

06

김정은과 트럼프의
게임

2018년 6월 12일 북한과 미국 간의 싱가포르 정상 회담은 한반도 비핵화와 평화 정착이라는 꿈을 꾸게 만든 역사적 회담이었습니다. 회담이 끝난 지 한 달가량 지나면서 기대와 실망이 교차하고 있습니다. 일각에서는 자칫 북·미 관계가 교착 상태에 빠져드는 게 아닌가 하는 우려의 소리도 들립니다. 사실 정상 회담은 긴 여정의 종착지가 아니라 시발점이었습니다. 두 나라의 게임은 탐색전을 넘어 중반전을 향해 가고 있습니다. 게임 이론을 통해 두 나라의 전략과 힘겨루기를 들여다봅시다.

두 명의 강도 용의자 A와 B가 격리된 곳에서 각각 검사에게 조사를 받습니다. 한 명이 자백하고 다른 한 명이 묵비권을 행사하면, 자백한 자는 바로 석방되고 다른 한 명은 10년형을 받습니다. 두 명이 모두 자백하면 둘 다 5년형을 받습니다. 두 명이 모두 묵비권을 행사하면 나란히 1년형을 받습니다. 이 경우 검사의 회유를 받은 용의자들은 어떤 선택을 할까요?

A가 자백할 경우 B는 묵비권을 행사(10년형)하는 것보다 자백(5년형)하는 것이 유리합니다. A가 묵비권을 행사할 경우 B는 묵비권 행사(1년형)보다 자백(석방)하는 것이 유리합니다. B는 A의 선택과 관계없이 자백이 유리합니다. 마찬가지로 A도 자백이 유리한 선택입니다. 결국 검사는 두 용의자 모두에게 자백을 받아 5년형으로 기소한다는 것이죠.

그런데 사실 두 용의자에게는 최적의 선택이 따로 있었습니다. 서로 협력하여 묵비권을 행사했다면 모두 1년 복역으로 끝날 수 있었던 것이죠. 결국 각자의 이기적 선택이 불행으로 귀결된 것입니다. 이런 상황에서 최적의 선택이 불가능한 원인은 협력을 할 수 없는 격리된 환경에 있습니다.

'죄수의 딜레마Prisoner's Dilemma'라는 게임 이론 이야기입니다. 게임 이론은 경쟁 상대의 반응을 고려하여 자신의 최적 행위를 선택하는 의사 결정 이론입니다. 1944년 수학자인 폰 노이만과 경제학자 오스카어 모르겐슈테른이 함께 쓴 『게임 이론과 경제 행동』에서 처음 등장한 게임 이론은 이후 1994년 노벨 경제학상을 수상한 존 내시의 '내시 균형'에 의해 발전됐으며, 오늘날 국제 정치학, 사회학 등 폭넓은 분야에 적용되고 있습니다.

2018년 7월 7일 북한 평양에서 마이크 폼페이오 미국 국무장관이 이끄는 협상팀과 김영철 북한 노동당 부위원장이 이끄는 협상팀이 고위급 회담을 했습니다. 미국은 완전한 비핵화 조치가 있기 전까지는 제재를 유지하겠다는 입장인 반면, 북한은 체제 보장을 위한 선결 조치 없이 비핵화는 곤란하다는 입장을 드러내며 파열음을 냈습니다. 이 회담을 계기로 그간 물밑에서 이루어졌던 힘겨루기가 수면 위로 떠오른 모양새입니다.

게임 이론을 적용해 보면 다음과 같습니다.

▼ 게임 이론을 적용한 북·미 관계

구 분		북 한	
		합의 이행(협력)	합의 불이행(배반)
미 국	합의 이행(협력)	① 핵 폐기·체제 보장, 번영	② 체제 보장·핵 보유
	합의 불이행(배반)	③ 핵 폐기·체제 위협	④ 파국

미국의 입장에서는 ②번 상황을 가장 우려하고 있는 데 비해, 북한은 ③번 상황을 제일 두려워하고 있을 겁니다. 미국과 북한 두 나라가 모두 피하고 싶은 것은 ④번 상황이겠지요. 결국 ②, ③번 상황과 같이 상대방의 배반만 아니라면 ①번 목표에 도달하는 것이 가능하다는 얘깁니다. 즉 '죄수의 딜레마'와 달리 최선의 선택을 할 수 있는 길은 단절과 숨김이 아니라 상호 신뢰와 의사소통입니다.

동아일보, 2018.07.11.

소크라테스
질문하기

Q1 게임 이론을 적용할 때, 미국과 북한에게 최악의 경우는 각각 무엇인가?

Q2 협상이 성공하기 위해서는 어떤 조건들이 필요한가?

Q3 국가 간 협상에서 국익이 개인의 인권과 충돌할 경우 어느 것을 우선시해야 하는가?

소크라테스
토론하기

인류에게 전쟁은 피할 수 없는 숙명인가?

07

마라토너 '킵초게'와
인간의 한계

2018년 9월 16일에 열린 베를린 국제 마라톤에서 케냐의 엘리우드 킵초게가 세계 기록을 갈아치웠습니다. 그는 42.195km를 2시간 1분 39초에 주파하며 2014년 이 대회에서 케냐의 데니스 키메토가 세운 종전 기록(2시간 2분 57초)을 1분 18초나 앞당겼습니다. 사상 첫 2시간 1분대 기록입니다.

신의 영역일지 모른다는 '2시간의 벽'이 불과 99초 앞으로 다가왔습니다. 스포츠 의학계에서는 인간이 과연 2시간의 벽을 넘어설 수 있을지 관심이 집중되고 있습니다. 마라톤 전체 구간을 2시간 안에 뛰려면 100m당 평균 17초 6의 속도로 달려야 합니다. 베를린 국제 마라톤의 전체 구간은 브란덴부르크 문을 출발하여 되돌아오게 되어 있습니다. 브란덴부르크 문은 독일 분단 시절 동·서 베를린의 경계였으며 지금은 통일 독일의 상징이 됐습니다. 1989년

11월, 10만여 명의 인파가 모인 가운데 베를린 장벽을 허물어뜨린 역사적 장소입니다.

이제 남과 북이 합심하여 끊어진 허리를 이을 차례입니다. 독일의 통일 과정이 험난했듯 우리의 여정도 매우 험난합니다. 한반도 통일은 북한의 핵을 폐기해야 하는 국제 사회의 이해와 맞물려 방정식이 더욱 복잡합니다.

흔히 인생을 마라톤에 비유합니다. 인생은 오랜 세월 동안 우여곡절을 겪고 여러 번의 고비를 넘기면서 가야 하는 인고의 길입니다. 나라와의 관계 또한 마라톤과 같은 인내가 요구됩니다. 북·미 정상 회담이 열린 2018년 6월 12일을 전후해 한반도 정세는 장밋빛으로 보였습니다. 그러나 미국과 북한 간에 핵 폐기를 위한 대화와 실행이 속도 있는 성과를 내지 못하고 교착 상태에 빠져 있습니다. 서로 간의 신뢰가 흔들리고 있는 가운데 회의론도 고개를 들고 있습니다.

1991년 9월 18일 미국 뉴욕에서 제46차 유엔 총회가 열렸습니다. 이날 남한과 북한은 각기 별개의 의석을 가진 회원국으로 유엔에 동시 가입했습니다. 분단 46년 만에 남과 북이 각기 독립된 국가의 자격으로 유엔 회원국으로 인정받은 것입니다. 당시 통일된 국가로 유엔에 가입하지 못한 한을 지금이라도 풀어야 합니다.

27년의 긴 세월이 흘러 2018년 9월 18일 문재인 대통령이 평양을 방문했습니다. 대화의 끈을 놓지 않으려는 각국 특사들이 물밑에서 분주히 움직였고 이제 정상들이 다시 만나 한반도의 운명을 가를 중요 의제들을 테이블에 올려놓았습니다. 남과 북 사이의 평화 정착과 더불어 미국과 북한 사이에 신뢰의 다리를 놓고, 복잡하게 꼬인 실타래를 풀 획기적 전기를 마련해야 합니다.

평화를 잃고 평화를 갈구하는 것은 때늦은 일입니다. 평화보다 값진 것은 없다는 신념과 의지로 난관을 돌파하길 바랍니다. 한계를 뛰어넘는 극한의 고통을 인내하며 골인 지점을 통과하는 마라토너처럼 한반도 문제도 잘 풀려서 남과 북이 함께 월계관을 쓰면 얼마나 좋을까요. 🖋동아일보, 2018.09.19.

**소크라테스
질문하기**

Q1 흔히 인생을 마라톤에 비유하는 이유가 무엇인가?

Q2 미국과 북한과의 협상이 왜 교착* 상태에 빠졌는가?

교착(膠着) 아주 단단히 달라붙거나 어떤 상태가 굳어 조금도 변동이나 진전이 없이 머무는 것이다.

Q3 남북통일의 과업을 남한과 북한만의 의지로 해결하기 어려운 이유가 무엇인가?

**소크라테스
토론하기**

평화를 위해 전쟁을 선택하는 것은 정당한가?

08

트럼프와 김정은의
'가을 편지'

"가을엔 편지를 하겠어요. / 누구라도 그대가 되어. / 받아주세요. 낙엽이 쌓이는 날. 외로운 여자가 아름다워요. … (중략)… / 가을엔 편지를 하겠어요. / 모든 것을 헤매인 마음 보내드려요. / 낙엽이 사라진 날. 헤매인 여자가 아름다워요."

가수 최양숙이 불렀던 노래 '가을 편지'입니다. 고은 시인의 즉흥시에 김민기가 곡을 붙였습니다. 1971년에 탄생한 이 노래는 김민기, 양희은, 최백호, 이동원, 조관우, 보아, 박효신 등이 리메이크해 불렀을 정도로 널리 사랑을 받았습니다.

그러고 보니 '가을 편지'가 나온 1970년대 초반은 세계사적으로 큰 의미를 갖는 시기였습니다. 리처드 닉슨 미국 대통령이 공산 국가를 향한 화해 정책인 '닉슨 독트린(1969)'을 선포하면서 국제 사회는 해빙기로 접어들었습니다.

1971년 한반도에서는 분단 후 처음으로 남북 적십자 회담이 열려 이산가족 상봉에 대한 논의가 시작됐습니다. 그해 노벨 평화상 수상자는 동서 화해 정책(동방 정책)을 추진하여 이념 대립의 종식에 기여한 옛 서독 총리 빌리 브란트(1913~1992)였습니다.

2018년 9월 27일 도널드 트럼프 미국 대통령은 아베 신조 일본 총리와의 정상 회담 중 양복 안주머니에서 편지 하나를 꺼내들고 "역사적이다. 아름다운 예술 작품"이라고 말했습니다. 트럼프가 한껏 치켜 세운 편지는 김정은 북한 국무위원장의 친서였습니다.

트럼프는 며칠 뒤 열린 공화당원 대상 정치 유세 연설에서 한걸음 더 나아갑니다. "나는 과거에 거칠게 나갔고, 그(김정은 북한 국무위원장)도 마찬가지였다."며 "우리는 주거니 받거니 했다. 그리고 사랑에 빠져들었다."고 말했습니다. 모두가 어리둥절할 틈도 없이 "그는 나에게 아름다운 편지들을 썼다. 멋진 편지들이었다. 우리는 사랑에 빠졌다."고 거듭 밝혔습니다.

서로 악담을 하며 곧 상대를 제거할 것처럼 으르렁거리던 앙숙이 사랑에 빠졌다니 이보다 더 극적인 반전이 있을까 싶습니다. 트럼프의 발언에는 자신의 대북 정책의 성과를 부각시키기 위한 국내 정치적 목적이 담겨 있습니다.

얼마 전까지만 해도 싱가포르 북·미 정상 회담이 성과 없이 수포로 돌아가는 것이 아닌가 하는 위기감이 퍼졌으나 판을 깨지 않기 위해 각국의 특사 외교 라인이 가동되면서 한숨을 돌리게 됐습니다. 남북 및 주변 4대 강국 간에 정상 및 특사들이 바쁘게 오가며 메시지를 주고받은 결과입니다.

마이크 폼페이오 미국 국무장관은 2018년 10월 4차 방북을 앞두고 있으며 조만간 있을 2차 북·미 정상 회담을 위한 준비에 착수했습니다. 미국에 북한의 핵과 대륙간탄도미사일(ICBM)은 현존하는 가장 큰 위협입니다. 게다가 북한 정권의 예측 불가능성은 또 다른 불안 요인입니다. 북한은 체제를 궤멸시킬 수 있는 미국의 강력한 군사력을 두려워합니다. 상호 불안을 없앨 신뢰가 어느 정도 유지되느냐가 관건입니다.

평화보다 값진 것은 없습니다. 최근 남과 북, 그리고 주변국 모두가 유연하고 조심스런 행보를 하고 있는 것은 전쟁보다는 평화를 원하고 있기 때문입니다. 신뢰 속에서 극적인 타협과 전진이 이루어지기를 기대합니다. 노래 '가을 편지'에서처럼 외롭고 헤매이는 누군가를 그리워하고 사랑할 수 있는 마음이라면 무엇을 포용하지 못할까요. 동아일보, 2018.10.03.

**소크라테스
질문하기**

Q1 '언어는 마음의 표현'이라 한다. 외교적 화법도 그러한가?

Q2 상대방을 관용하는 것은 비관용을 내포하는가?

Q3 국가 간의 협상에서 진정으로 상대방을 포용할 수 있는가?

Q4 국제 사회에서 '이에는 이, 눈에는 눈'이 통하는가?

**소크라테스
토론하기**

국제 관계에서 악(惡)한 국가 이익은 존재할 수 있는가?

09

차이잉원 대만 총통의 위기

대만은 올림픽 등 국제 경기 대회에 나갈 때 '타이완Taiwan' 대신 '차이니스 타이베이Chinese Taipei'라는 국호를 사용합니다. 중국의 '하나의 중국' 정책에 따라 국제 사회도 이 명칭을 지지합니다. 국제올림픽위원회(IOC)도 마찬가지입니다. 하지만 대만 내부의 속사정은 사뭇 다릅니다. 한편에선 중국의 그늘에서 벗어나 대만의 독립성과 정체성을 찾고자 하는 움직임이 지속돼 왔고, 다른 한편에선 현상 유지와 안정을 바라는 목소리가 만만치 않습니다.

전통적으로 수도 타이베이를 중심으로 한 대만 북부 지역은 국민당 지지세가 우세합니다. 1949년 중국 공산당에 패해 건너온 중국계 주민인 외성인外省人이 국민당의 지지 기반입니다. 반면 제2도시 가오슝을 중심으로 한 남부 지역은 국공 내전(중국 재건을 둘러싸고 국민당과 공산당 사이에 벌어진 전쟁) 이전부터 살고 있던 한족인 본성인本省人과 대만 원주민의 비율이 높아 대만의 독자성을 중시하는 민진당의 지지 기반입니다. 이러한 정치 구도 속에서 집권 민진당은 탈脫중국 노선을 추구했고, 국민당은 현상 유지를 기조로 삼아왔습니다.

2016년 총선에서 민진당이 크게 이기면서 탈중국화가 가속화하는 듯했습니다. 그러나 2018년 11월 24일에 끝난 대만 지방 선거 결과는 전통적 정치 판도를 크게 흔들었습니다. 시장과 시의원, 기초단체장 등 1,000여 명을 선출한 이번 선거에서, 차이잉원蔡英文 총통이 이끄는 집권 민진당은 6대 직할시장 중 2곳을 제외한 나머지 4곳에서 야당인 국민당과 무소속 후보에게 패했습니다.

22개 현·시장 자리 중 3분의 2에 이르는 15곳을 국민당에 내줬습니다. 그중 가오슝 시장 선거는 민진당에게 뼈아픈 상처를 안겨주었습니다. 정치적 입지가 약해 허수라는 말까지 들었던 국민당 한궈위韓國瑜 후보가 15만 표차로 압승을 거둔 겁니다. 가오슝은 민진당이 깃발만 꽂으면 당선되는 곳이라 여겨온 거점 도시입니다.

우리나라로 말하자면 광주에서 무명의 자유한국당 후보가 당선된 것과 마찬가지인 상황입니다. 한궈위는 친중, 반중의 정치 이슈보다는 경제 살리기를 최우선 공약으로 내세웠습니다. 가오슝 경제의 장기 침체로 일자리를 찾아 타이베이 등 북부로 떠날 수밖에 없는 현실을 파고들어 20, 30대의 압도적 지지를 이끌어냈습니다.

대만 언론은 한궈위의 승리를 '한류韓流 열풍'으로 표현하기도 했습니다. 차이잉원 총통은 민진당 참패의 책임을 지고 당 주석 자리를 사퇴했습니다. 대만 국민들은 국가 정체성과 자존심보다는 당장 먹고사는 문제를 해결할 수 있는 실리를 선택했습니다.

이번 선거로 민진당의 탈중국화 움직임에 제동이 걸렸습니다. 지방 선거와 동시에 치러진 국민 투표에서 대만의 올림픽 국명 변경안도 부결됐습니다. 대만 국민들은 정치 이슈 속에서 선수들이 대회에 출전하지 못하는 사태를 더 우려한 것 같습니다. 이와 함께 국민 투표에 부쳐진 중요 안건인 '동성 혼인 허용'과 '탈원전 정책'도 모두 무산됐습니다.

어부지리漁父之利란 말이 있습니다. 도요새와 조개가 서로 물면서 다투는 사이 지나가던 어부가 힘들이지 않고 둘 다 잡았다는 중국 전국 시대의 고사입니다. 둘이 다투는 사이 엉뚱한 제3자가 힘들이지 않고 이익을 취한다는 뜻이지요. 이번에 대만의 야당인 국민당이 어부가 됐습니다. 중국과 집권 민진당의 힘겨루기 속에서 승리를 얻어냈으니 말입니다. 대만 사례에 비추어 우리 사회에도 또 다른 어부지리는 없는지 눈여겨볼 만합니다. 🎙️동아일보, 2018.11.28.

소크라테스
질문하기

Q1 대만 국민당과 민진당의 노선이 다른 배경은 무엇인가?

Q2 제시된 글을 참조할 때 한국과 대만이 처한 공통적 상황들은 무엇인가?

Q3 우리 사회나 일상생활에서 경험한 어부지리(漁父之利)의 사례에는 무엇이 있는가?

소크라테스
토론하기

도요새와 조개가 서로 물면서 다투는 사이 지나가던 어부가 힘들이지 않고 둘 다 잡았다는 중국 전국 시대의 고사를 '어부지리'라 한다. 둘이 다투는 사이 엉뚱한 제3자가 힘들이지 않고 이익을 취한다는 뜻이다. 과연 어부지리는 비난받아야 하는가?

10
'아버지 부시'와 고르바초프

　　제2차 세계 대전 이후 40여 년간 미국과 소련 두 진영을 중심으로 이념 대립이 이어졌습니다. 총포에서 불을 뿜는 대신 이념이 다른 적대국 간에 팽팽한 긴장이 유지되는 국제 정세를 냉전 체제라 합니다. 냉전 체제를 완전히 끝내기 위해 지중해의 몰타 해역 유람선 위에서 미국과 소련의 두 정상이 마주앉았습니다. 1989년 12월 2일의 일입니다. 이 회담을 계기로 지긋지긋한 냉전이 종식되고 새로운 국제 질서가 만들어집니다. 몰타 회담은 이념을 중시하는 외교로부터 실리를 추구하는 외교로의 재편을 알리는 신호탄이었습니다.

　이 역사적인 몰타 회담의 주인공이 미국의 전前 대통령 조지 부시(1924~2018)와 소련의 전 공산당 서기장 미하일 고르바초프(1931~)입니다. 두 주인공 중 부시가 먼저 2018년 11월 30일 향년

94세로 세상을 떴습니다. 12월 5일 그의 장례식이 열렸습니다. 도널드 트럼프 미국 대통령은 이날을 '국가 애도의 날'로 지정했고 부시의 장례는 미국 국장으로 거행됐습니다.

부시가 제41대 미국 대통령으로 취임한 때가 1989년 1월입니다. 취임 첫해부터 세계사는 격변의 소용돌이 속으로 빠져듭니다. 부시는 1989년 7월 동유럽을 방문해 '자유롭고 하나가 된 유럽'을 호소했습니다. 불과 4개월 뒤인 11월 베를린 장벽이 무너지며 동·서독의 분단은 막을 내립니다. 그해 12월 2일 아무런 전제 조건 없이 미·소 정상이 몰타섬 선상에서 만나 새로운 세계 질서를 그려낸 것입니다. 부시와 고르바초프의 담판으로 인류는 핵 공포의 냉전으로부터 벗어나 평화의 문을 향해 발걸음을 내딛게 되었습니다. 독일 통일에 이어 체코, 유고, 헝가리, 폴란드 등 동유럽 국가들의 민주화와 탈脫공산화 물결이 이어졌습니다.

부시에게 냉전 종식, 동서 화합과 같은 평화의 이미지만 있는 것은 아닙니다. 그는 재임 기간 동안 전쟁을 일으켜 강력한 지도자의 이미지도 함께 갖고 있습니다. 집권 초인 1989년 12월 남미 파나마를 침공해 노리에가 정권을 축출했고, 1991년에는 걸프전을 감행했습니다. 걸프전은 이라크의 쿠웨이트 침공에 맞서 미군이 다국적군과 함께 이라크를 공격하여 궤멸시킨 전쟁으로 스텔스 전투기 등 최첨단 무기가 총동원된 전쟁입니다. CNN 등의 전파를 타고 전 세계에 전쟁 장면이 중계되기도 했습니다. 미국 제43대 대통령인 그의 아들 조지 W. 부시 역시 재임 기간(2001~2009) 아프가니스탄 전쟁, 이라크 전쟁 등을 하는 바람에 한때 '조지고 부시고(부수고의 잘못된 표현)'라는 말이 유행할 정도로 부시 부자의 이미지는 전쟁과 맞닿아 있습니다.

아버지 조지 부시는 이데올로기보다 실리를 중시하는 현실주의자로 평가됩니다. 부시는 고르바초프의 개혁 개방 정책을 줄곧 지지했습니다. 집권 후반기인 1991년에 소련마저 붕괴되자 부시는 당시 보리스 옐친 러시아 대통령과 만나 전략 핵무기 감축 협상을 체결하는 등 중요한 진전을 이루어냈습니다. 고르바초프는 "우리는 거대한 변화의 시기에 함께 일했다. 이는 모두에게 큰 책임감을 요구한 드라마틱한 시기였다."면서 "그 결과 냉전과 핵 경쟁이 끝났다. 이런 역사적 성취에 대한 부시의 기여를 합당하게 평가하고 싶다."고 회고했습니다.

미국 뉴욕의 유엔 본부 앞마당에는 포신이 엿가락처럼 꼬인 대포 조형물이 놓여 있습니다. 냉전을 해체한 역사의 진보 앞에 숙연해지면서 한편으로 마음이 무거운 것은 우리의 현실 때문이겠지요. 다가오는 새해에는 마지막 남은 냉전 지역 한반도에도 평화의 빛이 깃들기를 바라 봅니다. 🖋동아일보, 2018.12.05.

소크라테스
질문하기

Q1 냉전 이후 국제 사회의 갈등은 줄어들었는가?

Q2 냉전 시대와 탈냉전 시대의 가장 두드러진 차이는 무엇인가?

Q3 국가 간 협상의 성패를 좌우하는 중요한 요인은 무엇인가?

소크라테스
토론하기

미국 뉴욕 유엔 본부 앞마당에는 포신이 엿가락처럼 꼬인 대포 조형물이 놓여 있다. 만약 한반도의 통일이 다가온다면 어느 곳에 어떤 조형물을 설치하고 싶은가?

11

명완저우 사건에 쏠린 눈

중국 화웨이 그룹의 부회장 겸 최고재무책임자 (CFO)인 명완저우孟晚舟가 2018년 12월 캐나다 경찰에 전격 체포 됐습니다. 사건의 파장이 전 세계로 점점 확산되고 있습니다. 미국은 화웨이가 미국의 대對이란 제재를 위반했다고 주장합니다. 명완저우가 미국의 제재를 피해 스카이콤이라는 유령 회사를 통해 이란과 교역해 왔다는 혐의입니다. 미국이 명완저우의 캐나다 체류 정보를 입수하고 캐나다 당국에 그의 체포를 요청했던 것입니다.

일개 기업의 부회장 체포가 국제적 이슈가 되고 있는 이유가 무엇일까요? 겉으로 드러난 현상만 보면 답이 잘 보이지 않습니다. 사건의 본질은 장막 뒤에서 벌어지는 미국과 중국의 패권 전쟁입니다. 화웨이는 통신 장비 제조 분야에서 세계 1위 업체입니다. 2018년 기준 세계 스마트폰 시장 점유율이 13.4%로 미국의 애플

(11.8%)을 제치고 삼성전자(18.9%)에 이어 세계 2위로 올라섰습니다. 더 중요한 것은 미래 이동 통신의 핵심 기술인 5세대(5G) 이동 통신 분야에서 화웨이가 선두 주자로 치고 나가고 있다는 겁니다. 5G 기술은 인공 지능, 자율 주행차, 사물 인터넷, 가상 현실 및 증강 현실 등에 폭넓게 활용되는 차세대 핵심 기술입니다.

세계의 주요 통신 회사가 화웨이의 5G 통신 장비를 이용하고 있는 상황에서 미국은 이를 가만히 놔두고서 패권을 유지하기 어렵다고 보는 것이지요. 결국 미국과 중국은 미래 먹거리와 관련된 기술 패권 전쟁에 돌입한 것이며 그 발화점이 통신 장비 기술입니다. 이미 2012년에 미국 연방 의회는 화웨이가 도청이나 해킹 등을 통한 스파이 활동 및 통신 교란 우려가 있다며 국가 안보에 위협이 된다고 규정한 바 있습니다.

멍완저우 체포 사건을 계기로 여러 나라가 참전하면서 세계가 둘로 갈라지고 있습니다. 미국을 중심으로 한 우방국들은 반反화웨이 전선을 형성했습니다. 중국을 중심으로 한 친중 국가들은 화웨이 장비 도입을 서두르는 등 친親화웨이 전선으로 맞서고 있습니다. 마치 냉전 시대처럼 편 가르기가 이루어지고 있는 형국입니다.

영국의 통신 그룹 BT가 5G 네트워크 핵심 장비를 화웨이에서 구매하지 않겠다고 발표한 데 이어 프랑스 최대 통신 회사 오랑주도 지난주 자국 5G 네트워크에서 화웨이 장비의 사용을 배제한다고 발표했습니다. 독일 도이체텔레콤도 화웨이 장비의 보안 문제를 심각하게 고려해 구매 여부를 재검토하겠다고 했으며, 유럽 연합 역시 화웨이 장비 사용에 따른 보안 문제를 심각히 고민해야 한다는 의견을 내놨습니다. 일본의 소프트뱅크를 비롯하여 뉴질랜드와 호주의 주요 통신 회사들도 반화웨이 대열에 합류했습니다.

중국의 반격도 만만치 않습니다. 캐나다 정부에 멍완저우의 보석을 허용하라는 압력을 가해 소기의 성과를 얻어냈고, 캐나다인 2명을 억류하며 멍완저우의 미국 송환을 견제하고 있습니다. 또 애국심에 호소하여 미국산 아이폰 불매 운동을 독려하고 있으며, 친중 세력에게 화웨이 장비 구입을 요청하고 있습니다.

미국과 중국 간에 미래의 디지털 기술 패권을 둘러싼 전쟁이 점입가경입니다. 우리나라 일부 업체들도 네트워크 장비에 화웨이 것을 사용 중인 것으로 알려졌습니다. 양대 강국 사이에서 우리는 어떤 대응을 해야 할까요. 우리의 미래 먹거리는 어디서 찾을 것이며 이를 위해 어떤 준비를 해야 할까요. 🎙동아일보, 2018.12.19.

소크라테스 질문하기

Q1 통신 장비 기술이 미래의 디지털 기술 패권* 전쟁의 핵심이 되는 이유는 무엇인가?

패권(覇權) 어떤 분야에서 우두머리나 으뜸의 자리를 차지하여 누리는 공인된 권리와 힘이다. 국제 정치에서 어떤
국가가 경제력, 무력 등으로 다른 나라를 압박해 자기 세력을 넓히려는 권력을 뜻한다.

Q2 강대국의 패권 전쟁 속에서 우리의 대응 방안은 무엇인가?

Q3 우리의 미래 먹거리에는 어떤 것들이 있을까?

소크라테스 토론하기

양대 강국 미국과 중국의 패권 전쟁은 피할 수 없는가?

12
다보스포럼과
메르켈 독일 총리의 존재감

2019년 1월 22일부터 스위스 다보스에서 열린 세계 경제 포럼World Economic Forum, 일명 다보스포럼이 나흘간의 일정을 마치고 25일에 막을 내렸습니다. 다보스포럼은 독일 태생의 클라우스 슈바프가 설립한 비영리 재단입니다. 매년 다보스포럼에 세계 각국의 영향력 있는 정치인, 관료, 경제계 인사들이 모여 정보를 교환하고 정치, 경제, 문화 등 폭넓은 주제에 대해 논의하고 토론합니다.

이번 49차 연차 총회에는 64개국 정상과 안토니우 구테흐스 유엔 사무총장 등 40여개 국제기구 대표, 빌 게이츠 마이크로소프트 창업자 등 경제계 거물급 인사 등 3,000여 명이 참석했습니다. 올해 연차 총회의 주제는 '세계화 4.0 – 4차 산업 혁명 시대의 글로벌 지배 구조 구축'이었습니다.

증기 기관에 의한 공장 기계화를 1차 산업 혁명이라 한다면 2차 산업 혁명은 전기를 이용한 대량 생산 시대를 의미합니다. 컴퓨터와 인터넷 보급으로 열린 3차 산업 혁명에 이어 4차 산업 혁명은 인공 지능이나 빅 데이터, 사물 인터넷, 5세대(5G) 이동 통신 등 첨단 기술이 부가 가치를 창출하는 시대를 의미합니다. 2019년 다보스포럼은 4차 산업 혁명이 가져올 급격한 변화를 맞이할 인류 공동체의 협력을 위한 자리로 주목을 받았습니다.

그러나 이번 다보스포럼은 주요 정치 지도자들의 불참으로 김이 빠졌다는 평가가 뒤따릅니다. 게다가 세계 경제와 국제 정세에 대해 어느 때보다 비관적 전망이 우세했다고 합니다. 개회식은 주요국 국가 원수의 기조연설 없이 슈바프 회장의 환영사와 울리히 마우러 스위스 대통령의 특별 연설로 대체되었습니다.

도널드 트럼프 미국 대통령은 연방 정부 셧다운(의회에서 예산안이 통과되지 않아 연방 정부의 필수적인 기능만 유지된 채 업무를 잠정 중단하는 것)으로 불참했고, 브렉시트 해법을 놓고 진퇴양난에 빠진 테리사 메이 영국 총리와 노란 조끼 시위로 위기에 몰린 에마뉘엘 마크롱 프랑스 대통령도 빠졌습니다. 미·중 간 무역 갈등의 와중에서 시진핑 중국 국가 주석도 끝내 모습을 드러내지 않았습니다.

이러한 상황에서 앙겔라 메르켈 독일 총리의 존재감이 커 보입니다. 다자주의를 이끌고 있는 메르켈 독일 총리는 다보스포럼 연설에서 "각국은 편협한 국가 이해관계를 넘어서 다른 국가의 이익도 고려해야 한다."며 디지털화, 기후 변화, 난민 등 글로벌 이슈에 대해 다자주의적 접근을 강조했습니다. 자국 우선주의를 앞세운 트럼프 미국 대통령과 포퓰리즘 세력에 일침을 가하는 메시지로 읽힙니다.

시진핑 대신 참가한 왕치산 중국 부주석도 "세계적으로 일방주의, 보호주의, 포퓰리즘이 점진적으로 만연하는 속에서 다자주의가 도전을 맞이했다."고 주장하며 메르켈 독일 총리와 같은 쪽에 섰습니다. 뵈르게 브렌데 다보스포럼 이사장은 "우리 모두가 세계화된 세계에서 한 배를 탔다."면서 "세계화는 현실이고 우리는 그것을 멈출 수 없는 만큼 이를 개선할 방안을 찾아야 한다."고 강조했습니다.

4차 산업 혁명이 인류의 진보에 기여할지는 아무도 모릅니다. 분명한 것은 세계화 과정에서 확대된 빈부 격차 해소, 4차 산업 혁명의 협력 틀 마련이라는 과제 앞에 서 있는 인류가 자국 우선주의와 다자주의 세력으로 분열돼 긴장이 팽팽해지고 있다는 점입니다.

동아일보, 2019.01.30.

소크라테스 질문하기

Q1 4차 산업 혁명이란 무엇인가?

Q2 4차 산업 혁명이 인류의 진보에 기여하는가?

Q3 세계화의 진전은 인간의 행복을 증진시키는가?

소크라테스 토론하기

4차 산업 혁명, 빈부 격차, 기후 변화, 난민 등 글로벌 이슈에 대해 자국 우선주의와 다자주의 중 어느 입장을 지지하는가? 미국, 독일, 중국, 한국의 입장에서 토론해 보자.

▌참고

국제구호기구 옥스팜은 2019년 1월 21일 '공익이냐 개인의 부(富)냐'라는 제목의 보고서를 발표했다. 이에 따르면, 2008년 글로벌 금융 위기 이후 전 세계 억만장자 수는 2배가량 증가했다고 한다. 세계에서 가장 부유한 26명의 지난해 재산 규모는 1조 4,000억 달러로, 이는 하위 50%에 해당하는 38억 명의 총 재산과 맞먹는다는 얘기다. 상위 1% 부자에게 0.5%의 추가 세금을 부과하면 2억 6,200만 명의 어린이를 교육시키고 330만 명의 생명을 구할 수 있는 의료 서비스 비용을 충당할 수 있다고 한다. 양극화가 심화되어 지난해 전 세계 억만장자의 부는 하루 25억 달러(약 2조 8,138억 원)씩 증가한 데 비해 하위 50%에 해당하는 38억 명의 재산은 오히려 11%가량 감소했다.

신문 읽는 소크라테스

© 박인호, 2019

201903 초판 1쇄   201904 초판 2쇄

펴낸이 김형중
지은이 박인호

펴낸곳 이투스교육㈜
등록 제2007-000035호
주소 서울시 서초구 남부순환로 2547
전화 1599-3225
홈페이지 www.irak.co.kr
ISBN 979-11-6123-151-8 [43300]